SV

Hans Lenk

Kritik der kleinen Vernunft

Einführung in die
jokologische Philosophie

Suhrkamp Verlag

Erste Auflage 1987

Druck: Wagner GmbH, Nördlingen
Printed in Germany

CIP-Kurztitelaufnahme der Deutschen Bibliothek
Lenk, Hans:
Kritik der kleinen Vernunft:
Einf. in d. jokolog. Philosophie / Hans Lenk. –
1. Aufl. – Frankfurt am Main : Suhrkamp, 1987
ISBN 3-518-04438-9

Inhalt

»Man muß dem Geist Entspannung zugestehen.« *(Seneca)*

»Philosophische Konstruktionen sollten
so leicht sein, daß sie, zusammenbrechend,
ihren Schöpfern keinen Schaden zufügen.« *(Lec)*

»Über Nonsense gibt es bei uns wenig Konsens.« *(Stigulinszky)*

»Nein, wenn ich ein Narr sein muß, wie es sicherlich
alle diejenigen sind, die denken oder an etwas glauben,
so sollen meine Torheiten wenigstens natürlich und
angenehm sein.« *(Hume)*

»Ist denn etwa die Lage so selten, in der einem Philosophie
das Philosophieren versagt?« *(Lichtenberg)*

»Nachdem sich die Philosophie selber zum Thema wurde,
hängt sie sich nun zum Hals heraus.« *(Seiler)*

». . . Denn, wo Gespenster Platz genommen,
ist auch der Philosoph willkommen.« *(Goethes Mephisto)*

»Die Mühe des Steigens erzeugte Schweigen.
Niemand vermißte weise Worte.« *(Brecht)*

»Der Stand der Philosophen verdient es, daß man ihm hier mit
dem gebotenen tierischen Ernst begegnet, gerade wenn es
lächerlich wird.« *(Bestiarum philosophicum)*

»Sich über die Philosophie lustig machen, ist wirklich
philosophieren.« *(Pascal)*

»A serious and good philosophical work could be written
and would consist entirely of jokes.« *(Wittgenstein)*

»Der Staat muß aber auch die Seinen schützen
und sollte daher ein Gesetz geben, welches
verböte, sich über die Philosophieprofessoren
lustig zu machen.« *(Schopenhauer)*

»So is dat just ok mit min Bäukerwesen:
Gew ick mi ok noch so vel Mäuh,
Un't fehlt de Haeg, wenn Ji dat lesen,
Dann is de ganze Pott entwei;
Un, mine Herrn, dat's argerlich!
Indessen doch . . . denn helpt dat nich!« *(Reuter)*

»Viel, o, Sophie«

viel
vieh
o
so
viel
vieh
so
o
so
vieh
sophie
o
sophie
so
solo
sophie
solo
so
o
so
solo
sophie
o
so
viel
vieh
sophie
o
so
solo
sophie
o
so
viel
sophie
so
viel
vieh
o
sophie
so

viel
o
sophie
o
so
viel
vieh
o
sophie
so
viel
o
sophie
so
viel
o
sophie
so
viel
vieh
o
sophie
o
so
viel
o
sophie
viel
o
sophie
viel
o
o
sophie

Das Gedicht ist von Ernst Jandl, einem bekannten zeitgenössischen österreichischen Nonsense-Dichter. Man versteht also gleich zu Beginn in einem hermeneutisch bedeutsam eingeführten Vorverständnis, worum es sich in der Philosophie dreht. »Man fängt an zu verstehen, wenn man nicht mehr versteht[1], was man vorher verstanden hat«, sagte mein Freund Simon-Schaefer, auch ein Philosophierender (das ist ein Mensch, der sich bemüht – wie ich –, ein Philosoph bzw. nur philosophischer zu *werden*; denn *Philosoph* das kann man wohl nicht *sein*: Man kann sich nur bemühen, einem Ideal näherzukommen oder wenigstens sich von ihm leiten zu lassen). Philosophie, die Liebe zur Weisheit, wie es ja wörtlich übertragen hieße, hat bis heute Anlaß gegeben zu vielerlei Aphorismen, Bonmots und kurzen, teils bissigen, teils ironischen Stellungnahmen. Es folgt eine kleine Blütenlese dieser, nicht ganz unsystematisch eingeordnet in einen einführenden Gedankengang. »Poesie und Philosophie sind gleichberechtigte Eltern des Aphorismus. Von der Philosophie hat er das Gebot des präzisen Denkens, von der Poesie das Gebot der präzisen Form geerbt« – so der Aphoristiker Laub. Der Aphorismus enthält »eine halbe Wahrheit. Das ist ein ungewöhnlich hoher Prozentsatz«.

»Butterbrod, Philosophie, Laune«

»Der Mensch richtet sich nach philosophischen Grundsätzen, wenn sie entweder mit seinen eigenen Ansichten oder mit denen der staatlichen Organe übereinstimmen. Aber wozu braucht man dann überhaupt die Philosophen?«, fragt wiederum Gabriel Laub. Und wozu die Philosophie? Was ist dieses fremdsprachige Ungetüm: *die* Philosophie?

»Was ist Philosophie? Die systematische Verdrehung einer

eigens zu diesem Zweck erfundenen Terminologie«, definierten die *Fliegenden Blätter,* ein satirisch-ironisches Periodikum zu Anfang dieses Jahrhunderts. Dieses Bonmot hat später auch Werner Heisenberg in seine Autobiographie übernommen. Er sprach allerdings nicht von Terminologie, sondern von »Nomenklatur«. Schon vor über zwei Jahrhunderten klagte Lichtenberg: Zu den »Wörter(n), die recht herumgezerrt worden sind, gehören unstreitig die Wörter Butterbrod, Philosophie, Laune«.

Was ist nun Philosophie? Es gibt zunächst eine Reihe von Äußerungen zu den Anfängen der Philosophie und Begründungen, auch schon in der Antike, die meinen, Philosophie beginne mit dem Staunen (thaumazein): mit dem Erstauntsein, mit dem Betroffensein. Das hat z. B. Platon zuerst und danach auch Aristoteles betont. Philosophieren, bestimmte später Montaigne scheinbar schon im Geiste Descartes', sei Zweifeln, man könnte vielleicht heute hinzufügen: »aber nicht verzweifeln«. Oder ist sie gerade die Kunst, mit Anstand zu verzweifeln, ohne zusammenzubrechen – im Sinne des Rilke-Wortes: »Wer spricht von Siegen? Überstehn ist alles!« Philosophie ist nichts für Sieger ... »Die Geburt des Philosophierens: das Sich-Wundern« – so meinte auch Ludwig Marcuse, ein skeptischer Philosoph, der – ungewöhnlich für Philosophen – eine Reihe von sehr lesenswerten und lesbaren Büchern geschrieben hat. (Was das letztere betrifft, so ist es gerade in unserem Feld keineswegs selbstverständlich, daß man recht lesbare Bücher schreibt, gilt doch immer noch der Slogan der Gelehrtenverurteilung: »Als er wagte, ein lesbares und verständliches Buch zu schreiben, war sein Ruf als ernstzunehmender Wissenschaftler dahin« (Sochatzky) – worauf man nur mit Wilhelm Busch reagieren kann: »Ist der Ruf erst ruiniert«, lebt selbst der Denker »ungeniert«.) Staunen und Zweifeln führen zum Fragen. Und so wird das Fragen oder ständige Weiterfragen oder gar das Fraglichwerden

Magritte: Die philosophische Lampe

allen Seins und Seienden oft als das kennzeichnende Merkmal des philosophischen Denkens angesehen.

In einem skeptisch gewordenen Heideggerschen Geiste formulierte jüngst Weischedel: »Philosophie ist radikales Fragen«, Verfraglichung von allem. »Die Frage nach dem Vonwoher der radikalen Fraglichkeit ist die Grundfrage des Philosophierens überhaupt.« Die existentialistisch-pleonastische Rede vom »Vonwoher« ist dabei nicht etwa ironisch gemeint – selbst die Ausdrucksweise »von daher« scheint ja schon unauffällig als zulässig ins Schriftdeutsche Eingang gefunden zu haben. Doch Weischedel definierte das »Vonwoher der radikalen Fraglichkeit« unter der Perspektive des »einzig Verbleibenden, der Fraglichkeit der Wirklichkeit« (die Fraglichkeit ist das einzige Unfragliche!) – als *Gott*.[2] Also ist die Grundfrage der fragebesessenen Philosophie die Gottesfrage. Man mache es sich zu leicht, glauben viele, wenn man die Transzendenz auf das »Abstellgleis der Vernunft« (Ernst Jünger) schiebt. Doch ist der Verschiebebahnhof der ewigen Fraglichkeit, des Worum-willens des Warum empfehlenswerter?

Überstieg und Unübersetzbarkeit?

Heidegger, Weischedels Lehrer, war nicht derart fraglichkeitsorientiert: Mit Leibniz sah er zwar die philosophische Grundfrage in: »Warum ist überhaupt Seiendes und nicht viel mehr nichts?«, doch bestimmte er das Philosophieren – weniger verfraglichend – in seiner leider unveröffentlichten Einführungsvorlesung von 1928/29 als »radikales Transzendieren«, als unbeschränktes, auf die Wurzeln zurückgehendes Übersteigen aller gewonnenen Grundlagen und eingeschränkten Perspektiven – gerade auch der wissenschaftlichen. Heideggers These in lakonischer Kürze: »Transzendieren ist Philosophieren.« Philosophie als »Überstieg«? Wenigstens nicht als Überstiegenheit, Verstiegenheit! Hoffentlich! Heidegger erzählte im Seminar, Carnap habe ihm in einem Brief vorgehalten, daß in seinem Büchlein *Vom Wesen des Grundes* 246 logische und sprachlogische Fehler enthalten seien. Heideggers Kommentar im Seminar: »Wieviele mögen es erst in *Sein und Zeit* sein?« (Joseph Müller). Als Erich Fromm an *Haben oder Sein* arbeitete, verwies ihn Max Horkheimer darauf, daß Heidegger sein Hauptwerk mit einem sehr ähnlichen Titel versehen habe. Fromm rief frisch, fröhlich, frei: »Soll er doch haben! Seine Zeit ist eh um!« (nach Henscheid).
Über Heideggers (spätere?) Texte meinte ein griechischer Student: ». . . Heidegger ist so kompliziert, weil er nichts zu sagen hat. Aber daß er nichts zu sagen hat, sagt er hervorragend«[3], und eine englische Journalistin: »Heidegger is the man who is hopelessly untranslatable to English, some even say: into German.«[4]

Man könnte in weniger verstiegener Sprache – in Anlehnung an ein etwas bissiges Bonmot des allbekannten Herrn Anonymus über die Philologie[5], diese sei »die Ersetzung der Texte durch Texte« – formulieren: Philosophie sei die Ersetzung dunkler Texte durch dunkle(re) Deutungen – eine etwas sarkastische, ironische, aber vielfach wohl doch nicht ganz unzutreffende Charakterisierung. Nach Murphys Gesetz[6] läßt sich eine Folgerung aussprechen, die philosophische Relevanz für diese Definition hat: »Unklarheit ist eine unveränderliche Größe« (Hartz' Unsicherheitsfaktor). Der Schweizer Literat Carl Spitteler meinte, die philosophische Sprache sei »nicht etwa tiefsinnig und dunkel, ... sondern nebelregennaßnächtern« und hantiere »mit vertrockneten, ihres Inhalts künstlich entleerten Worten, den sogenannten Begriffen, die kaum mehr Leben besitzen als Zahlen«.
»Nebelregennaß«, aber mit »vertrockneten« Begriffen arbeitend? Die Literatenlogik bedürfte auch ein wenig der begrifflichen und aussagenlogischen Klärung.
Philosophie ist zweifellos Hantieren mit Begriffen, Sisyphosarbeit des Begriffs (abgewandelt nach Hegels »Arbeit des Begriffs«), höhere, aber ernstgemeinte Sophisterei oder »sophiste Ziererei«, wie meine Frau zu sagen pflegt. Philosophen – die »Begriffsentwickler oder -verwickler«? Man »denke an neapolitanische Buben, die Professoren einst ›Begriffi‹ nannten, ohne zu wissen, was das bedeutet, sie hörten nur, wie die Herren, Hegelianer damals, andauernd über ›Begriffe‹ disputierten. Oft scheint mir, ich säße unter der Hintertreppe neapolitanischer Bengel und hörte sie frotzeln: ›Begriffi! Begriffi!‹,« schreibt der Schweizer Schriftsteller Kurt Marti. Zwar sind alle diese Kennzeichnungen überpointiert, aber ein bißchen recht haben die kleinen Bissigkeiten doch, so daß man sie zu Anfang einer Einführung durchaus Revue passieren lassen mag: Man kann einiges auch daraus lernen.

Philosophie ist sozusagen der Versuch, etwas durch dauerndes begriffliches Umarbeiten klarer zu machen, gleichsam die Peristaltik des Verstehensversuchs, ein intellektueller Verdauungsprozeß, der darin besteht, das Unverstandene, das Unverdaute oder gar das Unverständliche verständlich zu machen. »Der Philosoph«, sagte Fontenelle, »ist ein Mensch, der nicht glauben will, was er sieht, weil er zu sehr damit beschäftigt ist, darüber nachzudenken, was er nicht sieht.« Nietzsche meint gar: »Der Philosoph ist ein Mensch, der beständig außerordentliche Dinge erlebt, argwöhnt, hofft«, sozusagen ein Ikarus oder Herakles des Geistes. »Der Philosoph als höherer Künstler« war in Nietzsches *Nachgelassenen Fragmenten* ein Alternativtitel zu *Jenseits von Gut und Böse.* Wollte Nietzsche andeuten, jeder Geistesheros sei jenseits von Gut und Böse? Der Philosoph wäre dann aber auch einer, der im Gewöhnlichen das Außergewöhnliche argwöhnt, sich an das Außergewöhnliche so sehr gewöhnt, daß es ihm eben zur Gewöhnung wird und ihm dann eigentlich schon kein Außergewöhnliches mehr ist: »Die Gewohnheit verdirbt unsere Philosophie« (Lichtenberg). Der Arzt und Schriftsteller Peter Bamm kritisiert diese Einstellung: »Die ganze abendländische Philosophie leidet an der eigentümlichen Arroganz, daß sie sich zu gut dafür ist, sich mit gewöhnlichen Dingen zu beschäftigen. Die Philosophen sind offenbar besorgt, ihre Würde zu verlieren, während es doch gerade ihre Aufgabe ist, den gewöhnlichen Dingen Würde zu geben.«

Man denke hingegen an Nietzsches Satz: »Philosophie, wie ich sie bisher verstanden und gelebt habe, ist das freiwillige Leben in Eis und Hochgebirge.« Also ist der Philosoph doch der Robinson oder Reinhold Messner der Geistesinseln oder -gebirge? Heroisch, stoisch? Mit Christian Morgenstern, der den Philosophen im Zuge der Veralltäg-

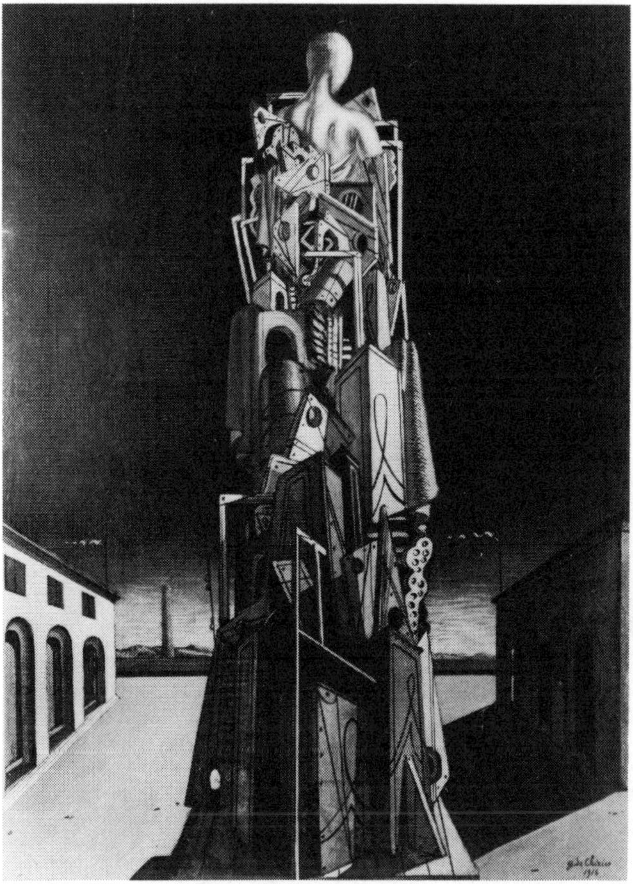

Giorgio de Chirico: Der große Metaphysiker

lichung des Charismas auf den Hof holt, doch nicht an die Kette legt:

> »Es pfeift der Wind. Es stöhnt und gellt.
> Die Hunde heulen im Hofe. –
> Es pfeift auf diese ganze Welt
> der große Philosophe.«

»Alle Systeme der Philosophen sind ja nur Glossen zu großen Persönlichkeiten« – schön wär es, wenn Hugo Ball, der Dadaist, damit recht hätte.
Wenn der Präsident der Deutschen Forschungsgemeinschaft, Hubert Markl, markig feststellte: »Die gefährlichsten Schwachstellen der Wissenschaft sind meist nicht schwache Strukturen, sondern schwache Figuren«, wieviel mehr müßte das für die stärker persönlichkeitsabhängige Philosophie gelten! Doch kann manchmal hier auch Größe gefährlich werden. Man denke an die Diktatur in Platons *Gesetzen* oder an Marx.
Philosophen: die Spezialisten für die außergewöhnlichen Ideen, ist das aber eine richtige Kennzeichnung der Philosophie? Vielleicht eine Charakterisierung einiger der wirklich Großen unseres Metiers, aber meist sind Philosophen natürlich eher Kärrnerarbeiter am Begriff, die Otto-Normal-Arbeiter der Vernunft, die versuchen, kleine begriffliche Ausarbeitungen und Analysen großer Lebensprobleme vorzunehmen: »kleine Philosophen« (nach Cicero: »minuti philosophi« – was später leider zum Schimpfwort geriet: »klein« sind immer nur die *anderen* Denker!). Handelt es sich häufig auch um haarspaltende Pedanten –, so wenigstens nicht des Kleingeistes, sondern – des Großgeistes. Philosophen also, so wiederum die *Fliegenden Blätter*, als »Wiederkäuer des Geistes« oder gar – so ließe sich das kongenial abwandeln – als »Wiederkäuer des Weltgeistes«? »Philosophen sind die ABC-Schützen des Weltgeistes«, konstatierte immerhin dieselbe Quelle.
Max Scheler sagte zu dem darob entsetzten Hans-Georg Gadamer: »Finden Sie nicht, daß Philosophie so etwas wie das Ziehen von Puppen an Drähten ist?«
Sollte nun wohl der Philosoph noch der Drahtzieher des Weltgeistes sein?
Der philosophische Sachwalter des Weltgeistes im Reiche der denkerischen Zumutbarkeiten, Hegel, sah den wahr-

haften Weltgeist, den Weltgeist zu Pferde gar, in Napoleon. Er schrieb (1806 an Niethammer): »Den Kaiser – diese Weltseele – sah ich durch die Stadt zum Rekognoszieren hinausreiten, – es ist in der Tat eine wunderbare Empfindung, ein solches Individuum zu sehen, das, hier auf einen Punkt konzentriert, auf einem Pferd sitzend, über die Welt übergreift und sie beherrscht.«

Körperliche Kleinheit überkompensierend – ist das der Schritt ins Große? Sind gerade auch die Philosophen im Reiche des Geistes die großen Überkompensierer, die (Zu-) Vielversprecher (vielleicht im doppelten Sinne!), welche normalen Menschen, gewöhnlichen Denkern, Wissenschaftlern auf die Nerven gehen – kindlich-kritisch in ihrem Fragewahn?

Wahndenker – Wahrdenker?

»Sind Philosophen erwachsene Kinder, die sich mit ihrem eigenen ›Warum‹ auf die Nerven fallen« (gegenseitig – nur nicht sich selbst – nach dem österreichischen Schriftsteller Theo Herbst)? Auf die Nerven gehen mit Fragen und Begriffen – ist das der Philosophen Job? »Er handelte mit anderer Leute Meinungen. Er war Professor der Philosophie« (Lichtenberg). Sind wir Handlungsreisende in Meinungen und Wertungen – hoffentlich auch in Argumenten! Der Begriffshandel blüht nun schon über zweieinhalb Jahrtausende ...

Nochmals Carl Spitteler, der schrieb: »Der Philosoph kriecht mit dem Denken hinter sein eigenes Denken und denkt nun hinter seinem Denken mit dem Denken über das Denken nach. Das ist philosophisches Denken.« Da kann das *Wörterbuch des Teufels* von Bierce nur folgern: »Alle sind Irre, aber wer seinen Wahn zu analysieren versteht, wird Philosoph genannt.«

Hatte nicht Aristoteles schon gesehen: »Kein großes Genie gab es ohne einen Anflug von Wahn«? Peter Bamm definiert sogar: »Die Trigonometrie des Irrsinns nennt man Philosophie.« John O. Wisdom – welch ein schöner Name für einen Philosophen! – und Morris Lazerowitz, zwei der überzeugtesten Schüler Wittgensteins, behaupteten ernstlich, Philosophie sei nichts als Neurose.

Philosophie sozusagen als Wahnsinn oder Übersinn?

Aber wenn, dann doch Wahnsinn mit System.[7] Wahnsinn und Methode (»Ist es auch Wahnsinn, hat es doch Methode«, Hamlet). »Der gesunde Gelehrte«, sofern es ihn denn gibt, ist nach Lichtenberg »der Mann, bei dem Nachdenken keine Krankheit ist«. (Doch meinte Adorno zu Horkheimer bei der Entstehung der *Dialektik der Aufklärung*: Die Vernunft sei »ihre eigene Krankheit«.) Lichtenberg ergänzt: »Menschliche Philosophie überhaupt ist die Philosophie eines einzelnen gewissen Menschen, durch die Philosophie der andern, selbst der Narren, korrigiert, und dieses nach den Regeln einer vernünftigen Schätzung der Grade der Wahrscheinlichkeit.« »Philosophie ist oft nicht mehr als der Mut, in einen Irrgarten einzutreten. Wer aber dann auch die Eingangspforte vergißt, kann leicht in den Ruf eines selbständigen Denkers kommen« – so schrieb unverkennbar der (K u. K-)Altironiker Karl Kraus. Selbstdenker – »Selbstkenner, Selbsthenker« (nach Nietzsche)? (Die neue, ach, nicht gar so neue realistische Version des alten philosophischen »Erkenne Dich selbst!« dürfte sein: »Verkenne Dich selbst!«)

»Der Gedanke hat schuld an dem, was er denkt« (Adorno) – wirklich? Da lobt man sich die unprätentiösen Denker: »Ein bescheidener Denker: Er denkt besser, als er denkt« (G. Laub)! Trimm Dich: Denk mal wieder! Motto eines allzu selten betriebenen Breitensports? Allgemein haben es Selbstdenker, Denker überhaupt und daneben auch Professoren heute schwer, das erfaßten schon Kurt Leonhards pseudokartesianische Philosopheme:

»Ich denke, also bin ich.
Ich bin, weil ich denke, daß ich bin.
Ich denke, daß ich bin, weil ich denke.
Ich bin, weil ich denke, daß ich nicht bin.
Ich denke, daß ich bin, weil ich nicht denke,
daß ich nicht bin.
Ich bin, weil ich nicht denke.
Ich denke, also bin ich nicht.«

Immerhin heißt es *nicht*: »Ich denke nicht, weil ich denke, daß ich nicht denke«! Ambrose Bierce wandelte das im *Wörterbuch des Teufels* ab – paradoxiefrei: »Ich denke, daß ich denke; daher denke ich, daß ich bin.« In korrigiertem Latein: »*Cogito me cogitare ergo cogito me esse*«. »Näher ist noch kein Philosoph der Gewißheit gekommen«, fügt der Verfasser des »Teufelsbuchs« hinzu. Oder sollte Lichtenbergs Einsicht gelten: »*Non cogitant, ergo non sunt*«? Und wie wäre es mit der tiefen Einsicht: »Non sum, ergo non cogito« und der implizierten pragmatischen Paradoxie?
Kühner läßt seinen Helden Pummerer entsprechend dem letzten Teilsatz Leonhards glatt zuwiderhandeln bei seinem

»*Selbstmord durch Denkmittel*

Pummerer, als ihm neulich das Dasein zu hart,
Machte mit Hilfe jenes Satzes von Descartes:
›Ich denke, also bin ich‹, ›cogito, ergo sum‹,
(Er drehte ihn dabei nur dialektisch herum) ...
Pummerer also seinem Leben ein Ende machte,
Indem er nicht dachte.
Ein Beispiel demnach – noch keinem geriet es –
Eines philosophisch-logischen Suizides.

Allerdings dachte er im selben Augenblick
An Schmorbraten (ein saftiges Mittelstück)
Und kehrte auch prompt ins Leben zurück.
(Man erkennt hieran – siehe auch den Titel! –
Die enge Beziehung der Denk- und Lebensmittel.)«

Da denke ich gern an ein US-Poster, auf dem ein Gorilla in Rodinscher Denkerpose Descartes' Weisheit reflektiert und weiterführt: »I think, therefore I am – confused«. Oder gar die Einsicht des ratlosen niedlichen Schimpansen auf einem anderen Poster: »The more I think, the more confused I get«.[8] *»I think, therefore I laugh«*, schließt John Allen Paulos in seinem gleichnamigen Buch: Humor und Philosophie seien wesentlich menschlich, weil sie charakteristischerweise die menschliche Fähigkeit erfordern, sich selbst und die eigene Situation zu transzendieren, zu übersteigen, zu überwinden. Die Diskrepanzen zwischen Hoffnungen oder Anmaßungen einerseits und der Realität andererseits könnten nur durch Philosophie und Humor abgemildert werden: Ich denk mir meinen Teil, indem ich lache. Das Lächeln im Munde der Weisheit ist erst noch wiederzuentdecken. Ich lächle, also denke ich. Oder eher umgekehrt? Ganz anders folgerte dagegen der französische »Meisterdenker«-Philosoph André Glucksmann in seinem nicht unbedingt meisterdenkerlichen Letztelaborat *Die Macht der Dummheit*: »Ich lache, also gibt es die Dummheit, denn man lacht über die Dummheit« – als philosophischer Humorist gerade auch über die eigene. Ich lache, also bin ich dumm. Tue ich das, bin ich freilich nicht mehr so ganz dumm. Dies galt vielleicht nicht für Hegel. Dennoch benötigte auch er ›Zeit für das Nachdenken‹ – manchmal mehr, als er für die Vorlesungsvorbereitung hatte, soll er – der Berliner Großordinarius – doch einmal an die Hörsaaltür die folgende Ankündigung angeschlagen haben:

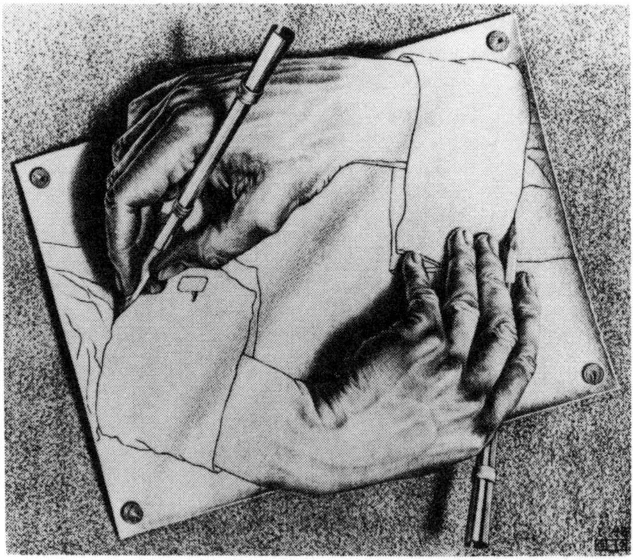

M. C. Escher: Pragmatisch-paradoxe Kooperativität mit sich selbst

> »Die Vorlesung von Herrn Professor Hegel muß heute leider ausfallen, weil der Herr Professor mit dem Nachdenken noch nicht fertig geworden ist. Hegel.«

Denken ist schwierig, langwierig – braucht also Zeit –, und welcher Professor oder Philosoph hat die heute schon?

Denken – »zuständigkeitshalber«

Die *Zeit* brachte die Schlagzeile: »In deutschen Hochschulen wird nicht gedacht« – und in dem Karlsruher Lokalblatt fand ich folgende Notiz:

Computer sollen Professoren ersetzen

Die Lektionen können zu Hause am Fernseher durchgearbeitet werden

Karlsruhe (Reuter) An der Universität Fridericiana in Karlsruhe werden Professoren in Kürze durch Computer ersetzt; ein Teil der Studenten kann sich den Weg in den Hörsaal sparen und statt dessen zu Hause büffeln. Diesen Fortschritt soll ein »CUU-Labor« bringen, das die Uni Karlsruhe im beginnenden Sommersemester als erste Alma mater in der Bundesrepublik einführen will. »CUU« steht für »computer-unterstützte Unterrichtslektionen« und soll im Wechsel mit der herkömmlichen Saalvorlesung zunächst im Fach »Algorithmen und Datenstrukturen« angeboten werden.

Nebenfolge nebenbei: »Mikroprofessoren haben ein gutes Gedächtnis. Sie speichern mühelos die jeweils zuletzt geschriebenen Zeichen.« (Aus dem *Welt*-Report über Mikroprozessoren.) Nach CIM stehen uns nun also CIP, **C**omputer **I**ntegrated **P**rofessors, ins Haus. Werden wir schließlich alle zu **C**omputer **I**ntegrated **P**ersonalities?
Mit Hilfe der bisher entwickelten vier Arten von Computertomographie beginnt das Gehirn heute – so die VDI-Nachrichten zum Jahreswechsel –, »sich beim Denken selber zuzuschauen (mit welchem inneren Auge? H. L.), ... und denkt sich dabei so seinen Teil«.
Der ehemalige Präsident der Deutschen Forschungsgemeinschaft, Maier-Leibnitz, meinte auch, exakt, wie er es als Physiker gewöhnt ist, 5% der deutschen Forscher würden selber denken. Ob er diese Zahl wohl mit physikalischen Methoden ermittelt und überprüft hat? Die Gedanken sind frei – denkt man.[9] »Er arbeitet viel und denkt wenig«, urteilte schon Heinrich Heine über den deutschen Professor. »Wissenschaft hat nichts mit Denken zu tun. Man lebt sie und man stirbt mit ihr« (Richartz). »Denken ist unwissenschaftlich«, ironisierte Adorno: »Längst schon bestand die entsagungsvolle Arbeit des Gelehrten meist

darin, daß er gegen schlechte Bezahlung auf Gedanken verzichtete, die er ohnehin nicht hatte.« Und Heidegger konstatierte lakonisch: »Die Wissenschaft denkt nicht.« Was auch Münchner Volksschüler erkannten: »Wissenschaft befaßt sich nur mit dem reinen Wissen. Der Verstand wird vollständig ausgeschaltet.«[10] Dem berühmten Herrn Ondit zufolge lautet eine norddeutsche Spruchweisheit: »Wenn du denkst, du denkst, denkst du nur, du denkst; denn das Denken der Gedanken ist gedankenloses Denken. Denken tat'st du also nie!« Gilt das auch für das Nachdenken oder nur fürs Nach-Denken? Bismarck sprach vor hundert Jahren vom »Luxus der eigenen Meinung« bei Abgeordneten. Sollte für Wissenschaftler sich der Satz vom »Luxus der eigenen Gedanken« bewähren? Oder etwa statt dessen einer von der Verwirrung durch zu vieles Denken? Wittgensteins Rat: »Denk nicht, sondern schau!« (wie Ausdrücke von der Sprachgemeinschaft tatsächlich benutzt werden! Vergleiche unten).
Muß man nicht Goethe zustimmen, der dieses Prinzip in seinen »Zahmen Xenien« sogar eine Stufe höher, sozusagen metadenkerisch, anwandte: »Ich hab' es klug gemacht, / ich habe nie über das Denken gedacht«? ». . . heute wird zu wenig überlegt« (Musil). »Die Nichtdenkenden denken, daß niemand denkt. Die Denkenden wissen es«, denkt Gabriel Laub. Denkste! Wie dem auch sei, jedenfalls dem heutigen Wissenschaftler kommt Caesars Urteil bei Shakespeare in den Sinn: »Er denkt zuviel: die Leute sind gefährlich!« Also sind die deutschen Wissenschaftler ungefährlich. Doch das wäre ein gänzlich falscher Schluß.[11] Allenfalls ließe sich durch gerechtfertigten Umkehrschluß aus dem obigen Satz schließen: Gefährliche Leute denken nicht zu viel. Wer wollte dem widersprechen? Vielleicht denken sie heute sogar zu wenig! »Study less, think more!«, empfahl ein Professor der Stanford University seinen Studenten.

Philosophen und Philosophie sollen es vorläufig noch wie vordem mit dem Denken zu tun haben. Das läßt sich auch heute noch belegen: Vor einiger Zeit verschickte die Harvard University eine Einladung zu einer Tagung über das Denken (»Conference on Thinking«), die an das Rektorat unserer Universität gelangte. Von dort schickte man es weiter mit dem Vermerk: »Zuständigkeitshalber ans Institut für Philosophie«! Als werde anderswo nicht gedacht!? Immerhin stimmt noch tröstlich, daß man Philosophie auch heute noch als ein für das Denken zuständiges Fachgebiet betrachtet. In zwei Jahren wird man möglicherweise eine solche Einladung nur an die Fakultät für Informatik weiterschicken ... Philosophen sind altmodisch: Sie forschen nicht, sie denken noch. Philosophen – Selbstdenker. Wenn ja, wie lange noch?

»Wo lassen Sie denken?« Der Küchenchef empfiehlt: »Do it yourself!« Dieser naiven Antwort kam Joseph Beuys schon lange zuvor mit seiner postmodernistischen Einsicht: »Ich denke sowieso mit dem Knie!«[12] Und zunftgemäßer Wittgenstein: »Ich denke tatsächlich mit der Feder, denn mein Kopf weiß oft nichts von dem, was meine Hand schreibt.« Federdenker! Doch Feder hin, Feder her, federleicht war sein Denkerlebnis nie. Ähnlich Max Frischs Bekenntnis zum Selbstdenken der Selbstdenker: »Man hält die Feder hin wie eine Nadel in der Erdbebenwarte, und eigentlich sind nicht wir es, die schreiben, sondern wir werden geschrieben!«

»Von den *Schreib- und Schreihälsen*« – so unterstrich Nietzsche in seinen *Nachgelassenen Fragmenten.*

»Denken. Ein völlig zu Unrecht vergessenes Genußmittel«, schrieb die *Süddeutsche Zeitung*. Allerdings: »Denken ist die Kunst, das Wesentliche breitzuwalzen ... der Geist ist *Professor*« (Cioran).

Wer's glaubt, wird selig; wer's nicht glaubt, der kann ja selbst Professor werden.

Denken nach Rodin und Beuys

»Viele Leute meinen, daß sie denken, während sie doch nur dabei sind, ihre Vorurteile neu zu arrangieren«, hatte schon William James erkannt. »Die meisten Menschen scheinen heute zu glauben, daß sich Nachdenken durch Diskutieren ersetzen läßt«, das ermittelte W. Mitsch. Allerdings gibt es neuerdings »Leute, die halten Dösen für Meditation« (*Süddeutsche Zeitung*) – oder die berühmte Zerstreutheit nicht nur für ein notwendiges, sondern sogar für ein hinreichendes Anzeichen tiefen Denkens. Zum sprichwörtlichen Fall des deutschen zerstreuten Professors, der bekanntlich im Philosophieprofessor kulminierte, berichtet Hans-Georg Gadamer in seinen *Philosophischen Lehrjahren* »eine berühmte Geschichte von Paul Natorp, der eines Tages beim Betreten des Katheders bemerkte, daß er sein Manuskript vergessen hatte, in großer Eile nach

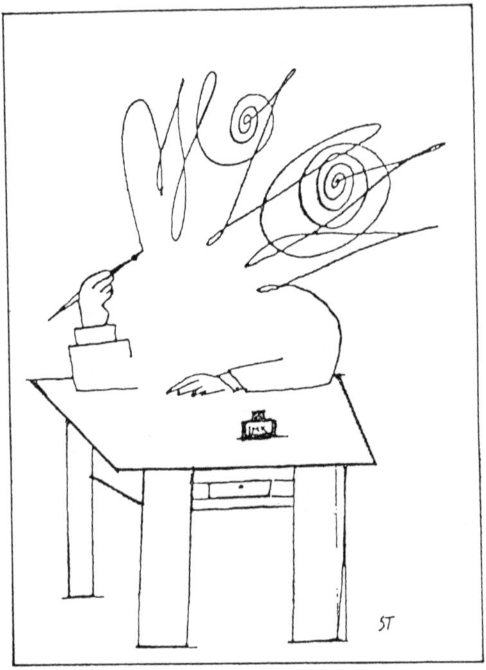

Selbstkünstler, Selbstdenker? Der Denk(künstler) denkt den Denker als einen den Denker Denkenden! Zeichnung: Saul Steinberg, 1945

Hause stürzte, das auf dem Schreibtisch liegengebliebene Manuskript einsteckte und zur Haustür eilte. Da begegnete ihm seine Frau und sagte: ›Aber Paul, Du hast ja Deine Hausjacke an‹ – worauf Natorp schnell den Rock wechselte – um schließlich auf dem Katheder festzustellen, daß das Manuskript wieder nicht da war – wohl aber, daß die Stunde herum war.« Natorp war verärgert oder nur verlegen . . .

Immerhin: »Ein Philosoph«, so sagte wiederum Ludwig Marcuse, »ist ein Mann, der nie um Argumente verlegen ist.« Vielleicht sollten wir es noch ironischer formulieren: ». . . der nie um Wortverdrehungen verlegen ist«. Freilich, nur Ohnmächtige müssen argumentieren. Und sagte nicht schon Hegel: »Argumente sind wohlfeil wie Brombeeren«? Und das verpflichtet doch. Eine entzückende Definition aus *The New Yorker* (25. 1. 64) charakterisiert den Intellektuellen als »a man who takes more words than necessary to tell more than he knows«. Sind Philosophen etwa nicht Intellektuelle? Das bei aller Ironie doch etwas leichtgewichtig ausgefallene Urteil läßt sich durch eine andere, die gewichtigere Rolle der Philosophie skizzierende Ausführung konterkarieren: »Philosophen sind, entgegen einem weitverbreiteten Urteil, nicht Feuerwehrleute zur Löschung ›brennender‹ Probleme, sondern Brandstifter«, sagt ein Aphoristiker namens Kudzus.

Doch wann brannte es schon lichterloh, wenn Philosophen auftraten? Der Geist weht zwar, wo er will, (ver)schätzt (sich) der Volksmund, aber er weht und wirkt meist langsam. Allenfalls fächelt er einen Schwelbrand allmählich an, den ein Philosoph im Verborgenen gezündet haben mag. Brandstiftung höchstens mit Langzeitaufflammen. Die politische Gefährlichkeit der intellektuellen Schwelbrände wurde freilich immer von den herrschenden Mächten gefürchtet. Politische Revolutionen hatten philosophische als Zünder. Und früher verbrannte man die Philosophen gar – so Giordano Bruno im Jahre 1600 – oder vergiftete sie – wie Sokrates im Jahre 399 vor Christus – oder folterte sie zu Tode – wie ein halbes Jahrhundert später Anaxarchos von Abdera, den ein sadozynischer zyprischer Fürst in einem Mörser zerstampfen ließ. Anaxarchos rief tapfer bis in den Tod seinen Folter-Mördern zu: »Zerstampfe die Hülle

des Anaxarchos, den Anaxarchos zerstampfst du nicht!« (Hatte nicht Anaxarchos gelehrt: »Man muß der passenden Zeit Maße kennen; denn das ist der Weisheit Grenzstein. Die freilich, welche außerhalb der passenden Zeit ihren Spruch absingen, mag er auch *an sich* verständig sein, erhalten den Vorwurf der Torheit, da sie in der Weisheit nicht Klugheit mitverwenden«?)
Ähnlich extrem schrieb sein Brieffreund Epikur: »Wenn der Weise im Stiere des Phalaris gebraten wird, wird er ausrufen: ›Es ist lustvoll und geht mich nichts an!‹« Philosophen gab's anno dazumal. Und heute?
Heute scheinen – im Westen – die Philosophie und die Philosophen nicht mehr staatsgefährdend: Man tötet keine Philosophen mehr – im Westen. Es bestehe auch keine Notwendigkeit, das noch töten zu wollen, was schon tot ist, meinte der Historiker Durant. Tot, scheintot? Scheintote im Reiche des Geistes scheinen manchmal besonders zählebig zu sein. Schwelbrände flammen wieder auf.

»Die Welt ist anders, als sie scheint«

»Die Philosophie ist etwas, dem man nicht ausweichen kann« (Ortega y Gasset), selbst wenn »das Man« (so nennt Heidegger bekanntlich die Alltagsmentalität) dies ständig versucht. Denn die Philosophie »ist das allgemeine, geschmeidige, nicht durch einen Zweck gefesselte Denken, das immer neue Erfahrungen sammelt, sich nach allen Dimensionen wendet und sich unaufhörlich selber berichtigt«, so der deutsche Schriftsteller Ernst Wilhelm Eschmann. Oder in den Worten von Eugen Roth ist das Philosophieren eine Sache der Standpunkte und Perspektiven:

»Philosophischer Disput:

Ein Mensch verteidigt mit viel List:
Die Welt scheint anders, als sie ist!
Sein Gegner aber streng verneint:
Die Welt ist anders, als sie scheint.«

Das ist geradezu schon erkenntnistheoretisch verfeinert gegenüber der grundlegend einfachen Seinswahrheit, die sich in der »Weltformel«, dem »Gesetz der Absoluten Unterschiedlichkeit«, des Feierabendphilosophen Walter Menzl aus dem Albtal des Nordschwarzwaldes holzschnittartig ausdrückt: »Aus Unterschiedlichem wird unterschiedlich Unterschiedliches.« Oder in anderer Variante: »Unterschiedliches verunterschiedlicht Unterschiedlichkeit« (»nach diesem Prinzip baut sich die gesamte Welt auf«). Auch aus Philosophischem west durchaus Unterschiedliches.
Auch ergreifend Umgreifendes à la Jaspers, das zur Chiffre des Anders-als-die-Welt, des Anders-als-der-Schein wird? Das letztere wird oft Transzendenz genannt, was Überstiegenheit bedeutet.

Wissensträger im Dilemma

Philosophieren – das ewig weiterspinnende Zusammenreden: infinite Syllogie sub specie aeternitatis, »Annäherung an eine Offenbarung, die nie stattfindet«, meint Ludwig Marcuse, gesteht aber immerhin zu: »Der Weg dahin ist voll von den scharfsinnigsten Weisheiten.« Diesen Eindruck teilt Kurt Tucholsky nun gerade nicht:

»Da jibt et 'n Waschkorb voll Philosophen.
Dat liest man. Und haste det hinta dir,
dreihundert Pfund bedrucktet Papier,

dann lechste die Weisen
bei't alte Eisen
un sachst dir, wie Kuhle, innalich:
Sie wissen et nich. Sie wissen et nich.«

Der schon erwähnte Weischedel, der reimende Philosoph, der eine Philosophiegeschichte gedichtet hat und eine in Anekdoten (*Die philosophische Hintertreppe*) veröffentlichte, stellte über die vom delphischen Orakel bestätigte Weisheit des Sokrates fest:

»Indes er fragend andere erschreckt,
hat Sokrates auch bei sich selbst entdeckt,
daß er, obschon ein recht gereifter Greis,
noch immer selber nichts vom Wahren weiß.
Ob man ihn auch als einen Weisen preise:
er weiß, daß er nichts weiß; *so* ist er weise.[13]
Und doch ist er in aller Finsternis
des rechten Weges völlig sich gewiß.
Denn ganz untrüglich kündet ihm davon
die innre Stimme, das Daimonion.«

»Wer weiß, daß er nicht weiß, ist der Fortgeschrittenste«, wußte Laotse schon viel früher. Metrodoros von Chios behauptete noch viel raffinierter, Diogenes Laërtius zufolge, »er wisse nicht einmal das, daß er nichts wisse«.[14] Begründet sich so die Einsicht (frei nach Ringelnatz)?: Nur eines ist sicher: Nichts ist sicher. Und selbst das nicht.
Heute wirft *Die Zeit* (Furtmayer-Schuh) der deutschen Philosophie vor: »Mit der Dickhäutigkeit einer Schildkröte hält die deutsche Philosophie an vertrauten Systemen fest, anstatt an das Wissen ihrer Zeit anzuknüpfen.« Vielleicht nicht ganz unberechtigt, diese bissige Diagnose. Doch hat die Philosophie vielleicht eine Ausrede. Nämlich: Der Philosoph, so sagte ein amerikanischer Essayist namens Hubbard, ist derjenige, »der seine Unwissenheit in ein System

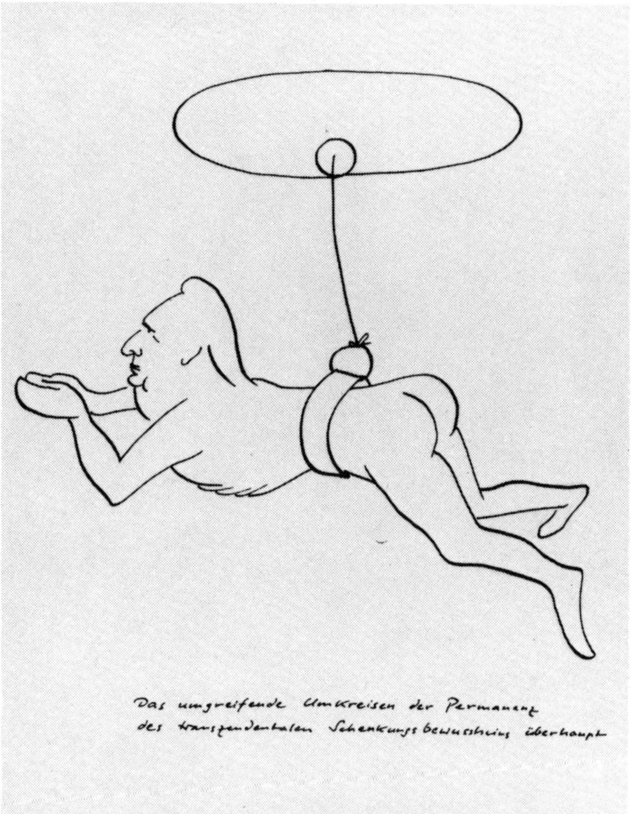

R. Koselleck: »Das umgreifende Umkreisen der Permanenz des transzendentalen Schenkungsbewußtseins überhaupt« – Jaspers an einer kreisenden Rolle hängend – beim Erlernen des Schwimmens/ Schwebens?

R. Koselleck: »Karl Jaspers, kommend – über indische Philosophie lesend – die Alte Aula Heidelbergs verlassend«

bringt«. Ähnlich fragte Woody Allens »Erkenntnislehre: Ist das Wissen wißbar? Wenn nicht, wie können wir das wissen?« »Was können wir erkennen?« Das heißt: »Wovon können wir sicher sein, daß wir es erkennen, oder sicher sein, daß wir wissen, wir kennten es, wenn es überhaupt wirklich erkennbar ist?« »Wer das Wissen trägt, hat von allen Tugenden nur eine: daß er das Wissen trägt«, sagte Herr Keuner bei Brecht. Was hätte Wittgenstein dazu gesagt?[15] »The difficulty in philosophy is to say no more than we know« (Wittgenstein).

Nonsense?

Über Nonsense gibt es keinen Konsens. »Philosophen sind Leute mit dem Sinn für die Sinnlosigkeit«, formulierte ein 17jähriger (B. Waldvogel). Sie dienen also der »Sinngebung des Sinnlosen« (das Litt in der Weltgeschichte sah). Ist »doch der Sinn des Lebens Sklav'« (Shakespeare). »Der Sinn des Lebens ist, daß es keinen Sinn hat zu sagen, das Leben habe keinen Sinn«, so soll Niels Bohr (laut C. F. v. Weizsäcker) gesagt haben: Leicht oberflächlich – um des Sprachspiels willen an den Haaren herbeigezogen, finde ich. Dann suche ich lieber Sinn in den Sinnen und der Sinnlichkeit – ist das weniger gekalauert?
Ironie des Unwissens und der Sinnlosigkeit?

Narratives nach dem Ende?

Emmanuel Geibel wendet sich deshalb von der Philosophie zum Glauben, zum Positiven sozusagen, doch die Diagnose über die Disponiertheit und Durchdringungsfähigkeit der Denker gerät gleichermaßen dürftig.

»Studiere nur und raste nie,
du kommst nicht weit mit deinen Schlüssen!
Das ist das Ende der Philosophie:
zu wissen, daß wir glauben müssen!«

Oder ist das »Ende der Philosophie«, so wie es der gegenwärtige Präsident der Allgemeinen Gesellschaft für Philosophie in Deutschland, Odo Marquard, ein selbststilisierter Skeptiker und »Transzendentalbelletrist«, diagnostizierte? »Die Philosophie, sie ist zu Ende; wir betreiben Philosophie nach dem Ende der Philosophie« (wie auch schon Heidegger und Löwith geurteilt hatten).

»Am Ende wird noch«, prophezeite schon Goethe mit Brief (12. 2. 1829) und Siegel, »der neuesten Philosophie gemäß, alles in nichts zerfallen, eh es noch zu sein angefangen.« Es gelte, alles auf das Sorgsamste zu untersuchen: »sonst gehen entweder wir an der Philosophie, oder die Philosophie geht an uns zugrunde«.

Eschenmayer hatte schon im vorigen Jahrhundert im gleichnamigen Werk von der *Philosophie in ihrem Übergang zur Nichtphilosophie* gehandelt. Philosophie scheint immer im Endkampf – fragt sich nur, ob in Agon oder Agonie? Marquard jedenfalls ließ sich wählen und löste die Philosophiegesellschaft auch nicht auf. Eine transzendental-paradoxistische Inkonsequenz. Oder war sein Kokettieren mit dem Endzeitlichen, das die Philosophie gesegnet haben sollte, eher die Konsequenz transzendentalparodistischer Kompetenz? Marquard meinte ja, nachdem die Philosophie die Seelentrösterhoffnungen und Erwartungen, die ihr als »Magd der Theologie«, als Wissenschaftsknecht, als Emanzipationsgehilfin entgegengebracht worden waren, allesamt enttäuschen mußte, sei sie heute nur noch für eines kompetent, nämlich für das Eingeständnis ihrer eigenen Inkompetenz: Sie habe nur noch »Inkompetenzkompensationskompetenz«! Das allzu kokette (gar kokottenhafte?) Inkompetenzkompensationskompetenzgehabe scheint mir jedoch fast zu einem Inkompetenzüberkompensationsgestus zu geraten, fallweise gar gesteigert zu einem philodoxischen Impotenzimponiergehabe allzu narzißtisch insistierender Interpreten, sei es transzendentalistischer oder belletristischer Provenienz – je nachdem, ob Rosinante oder Pegasus wiehern ... Auch Robert Musil, der große analytische Autor eines philosophischen Romans par excellence und leidenschaftlich genauer Entwerfer gespiegelter Variationen »konstruktiver Ironie«, Erzähler selbst und promovierter Philosoph, gesteht: »Meine Meinung ist, daß erzählte Episoden überflüssig sein dürfen und nur um ihrer selbst willen vorhanden, Gedanken aber nicht.«

Philosophie – die nicht bloß narrativ zu (er)fassende, die disziplinlose Disziplin, erschöpft sie sich in kompensatorischer oder reiner Negativität? Keine Chance zur Negation der Negation; zur Definition der notorischen Negativität?

Undefinierbare Undefinierbarkeit: Epimenides, der ›Lügner‹

»Philosophie kann nicht definiert werden«, sagt der amerikanische Philosophiehistoriker Runes, »da sie die Suche nach dem Undefinierbaren ist.« Ist sie dasjenige, das grundsätzlich *nicht* durch Begriffe, durch Definitionen erfaßt werden kann, also die stets vergeblich bleibende unendliche Suche nach dem Undefinierbaren? (Definiert der Satz »Das Undefinierbare ist das, was nicht definiert werden kann«, das Undefinierbare?) Der Versuch, Ungedachtes zu denken, gar Unwißbares zu wissen, Unsagbares zu denken? »Ich sage nichts, und das sage ich« (John Cage). Löst sich diese pragmatische Paradoxie, dieser performative Widerspruch, indem ich den Satz ›Ich sage

nichts!‹ *schreibe*? Und wenn ich hiermit schreibe: »Ich schreibe nichts«? Epimenides läßt grüßen … (»Ich lüge hiermit«).
Bertrand Russell, der Logiker, richtete entsprechend der Lügner-Paradoxie die Frage an George Edward Moore, den Common-sense-Realisten: »Moore, sagst du immer die Wahrheit?« Moore antwortete mit »Nein«, aber fügte hinzu, das sei wohl seine einzige Lüge bisher gewesen. War das nun wiederum eine Lüge?
Der Logikzauberer Smullyan gibt in seinem neuesten Buch kompliziertere Fassungen dieses Vexierspiels, u. a. auch des bekannten von jenem Barbier, der genau alle die Leute rasiert, die sich nicht selber rasieren: Rasiert er sich selbst oder nicht? Und ein schönes philosophisches Rätsel des logischen Inspektors von Scotland Yard, Craig, der sich nach dem Erwachen fragt, ob er sich in seinem Traum über den Gott Thor in einen logischen Widerspruch verwickelt habe: »In meinem Traum habe ich geglaubt, daß Thor ein Gott ist und daß Götter immer die Wahrheit sagen. Doch Thor hat mir gesagt, ich würde nicht träumen. Wie also konnte Thor, der die Wahrheit sagt, mir sagen, ich würde nicht träumen, wenn es doch so war? Lag da nicht ein Widerspruch bei mir?« Kämpfen Götter selbst vergebens gegen Träume, Schäume?
Was meinte Altmeister Goethe?: »Philosophieren in der Gesellschaft heißt, sich über unauflösliche Probleme lebhaft unterhalten.«
Die Unvollendetheit der Philosophie hat Anlaß zu vielen entsprechenden Aphorismen gegeben, etwa dem eines berühmten amerikanischen Politikers, Henry Adams, der auch Mitbegründer der amerikanischen verfassunggebenden Gesellschaft war. »Philosophie – unverständliche Antworten auf unlösbare Probleme.«

Hauptfragen der Philosophie im Gelben Fluß

Den alten chinesischen Philosophen war laut Bertolt Brecht die Nichtlösung oder Nichtlösbarkeit der »Hauptfragen der Philosophie« schon viel früher aufgefallen: Si Fu, der Schüler, nennt die Hauptfragen: »Sind die Dinge außer uns, für sich, auch ohne uns, oder sind die Dinge in uns, für uns, nicht ohne uns?« Auf die Frage des Lehrers, welche Meinung die richtige sei, gibt der Schüler wahrheitsgemäß an, daß »keine Entscheidung gefallen« sei ... Der Lehrer: »Warum blieb die Frage ungelöst?« Si Fu: »Der Kongreß, der die Entscheidung bringen sollte, fand wie seit zweihundert Jahren im Kloster Mi Sang statt, welches am Ufer des Gelben Flusses liegt. Die Frage hieß: Ist der Gelbe Fluß wirklich, oder existiert er nur in den Köpfen? Während des Kongresses aber gab es eine Schneeschmelze im Gebirg, und der Gelbe Fluß stieg über seine Ufer und schwemmte das Kloster Mi Sang mit allen Kongreßteilnehmern weg. So ist der Beweis, daß die Dinge außer uns, für sich, auch ohne uns sind, nicht erbracht worden.«

Wittgensteins Leiter

Der junge Wittgenstein meinte noch: »Wovon man nicht sprechen kann, darüber muß man schweigen.« (Eine Einsicht dazu aus dem *Tractatus logico-humoristicus* des Arnold Hau: »Wovon man nicht reden kann, darüber kann man lachen.«) Wie schweigt man *über* etwas? »The rest is silence« auf Philosophisch; aber wie läßt sich das vereinen mit der Erkenntnis desselben Autors, »die Grenzen meiner Sprache bedeuten die Grenzen meiner Welt«? Dadurch, daß man die eigenen Sätze rückverstehend als unsinnig erkennt, wenn man »durch sie – auf ihnen – über sie hinausgestiegen ist«. (»›Das ist doch keine Mühe!‹ erwiderte die Herzogin. ›Ich schenke dir alles, was ich bis jetzt gesagt habe.‹ ›Ein billiges Geschenk‹, dachte Alice.«) Der Philosoph muß nach Wittgenstein »sozusagen die Leiter wegwerfen, nachdem er auf ihr hinaufgestiegen ist«. Das aber setzt voraus, daß er dann anderswo Boden unter den Füßen hat – doch gerade dies ist in der Philosophie fraglich! In Adornos *Negativer Dialektik*, einer radikalen Kritik des allgemeine Begriffe verwendenden und überhaupt des identifizierenden Denkens, wird dagegen der Philosophie ausdrücklich zugemutet, das »zu sagen, was nicht sich sagen läßt«: Philosophie sei gerade »die Anstrengung, über den Begriff durch den Begriff hinauszugelangen«. Das erinnert an das Bemühen der Physiker, die Schwarzen Löcher zu erklären. Einer der kühnsten von ihnen, Stephen Hawking, sieht darin so etwas wie den Versuch, »das Unerklärliche mittels des Unerklärlichen zu erklären«. Es gibt ein entsprechendes Dilemma heute im Hochleistungssport! Gleich gut veranlagte Athleten müssen mehr leisten, schneller laufen oder rudern, als sie eigentlich könnten (nur so lassen sich noch Spitzenrennen gewinnen!). Doch man ist allgemein nicht mehr so optimistisch wie Vergil bei seiner berühmten Beschreibung der Ruderregatta in der *Aneïs* (V): »Possunt quia posse videntur« – man kann, was man zu können scheint, glaubt, sich zutraut. Wo ein Wille ist ... Auch in der Philosophie? Doch wohl nicht – die Leistungsfähigkeit des Philosophierens ist wohl nicht auf bloße Selbstsuggestion zu gründen. Hatte uns nicht auch schon Seneca gemahnt: »Vor allem ist es notwendig, sich selbst einzuschätzen, weil wir uns in der Regel einbilden, mehr leisten zu können, als es wirklich der Fall ist.« »Die Philosophen leisten das nicht, was sie sagen.« Diesem generellen Vorwurf hält Seneca jedoch entgegen: »Doch leisten sie (schon) viel damit, daß sie das aussprechen, daß sie von der Sittlichkeit ein Ideal aufstellen.« »Die Selbstkritik hat viel für sich ...« nach Wilhelm Busch – geradeso wie die Moral von der Moral. Ist das nicht so etwas wie eine Schizophrenie oder eine Utopie, etwas nie Erreichbares zu erstreben? Sind Philosophen vielleicht etwa diejenigen, die das Unmögliche möglich machen wollen, die Neckermänner des Begriffs – getreu dem Volksmund: »Unmögliches wird gleich erledigt, Wunder dauern etwas länger!«?

Deshalb sagte Moritz Saphir: »Die Philosophie ist ein Frauenzimmer; wenn sie keinen Grund mehr anzugeben weiß, fällt sie in Ohnmacht.« Und Lichtenberg gibt wieder einmal die Erklärung: »So wenig der Mensch innerhalb der Kugel sitzt, die er bewohnt, sondern auf der Oberfläche, wenn man die Luft abrechnet, so ist auch das Innere der Dinge nicht für den Menschen, sondern nur die Oberfläche, wenn man die geringe Tiefe abrechnet, in der ein philosophischer Taucher noch leben kann.« »Ins Innre der Natur – O du Philister! – dringt kein erschaffner Geist«, ironisierte der alte Goethe in seinen »sehr ernsten Scherzen« diese Zeilen Albrecht von Hallers, eines rationalistischen Dichters. Albert Einstein meinte dagegen: »Das ewig Unbegreifliche an der Welt ist ihre Begreiflichkeit.« Doch warum sollte nicht wieder diese Begreiflichkeit unbegreiflich sein?

Arno Schmidt, der aufklärerisch eulenspiegelnde autopsychographierende Landvermesser der Lebensschalen, der sich selber »einen Windbeutel hohen Ranges« nannte, stets auf dem Wege zu sich selbst (»Wu hi (= wohin?), der bin ich!!!«), faßte die Quintessenz dessen anspielig zusammen und zog die empfehlende Goetheanische Folgerung: »Das Erforschliche in Worten sieben; das Unerforschliche ruhig veralbern!« (»Eine seiner despektierlichsten und zugleich erbaulichsten Lebensweisheiten«, kommentiert Peter Rühmkorf.) Auch solche albernden Sentenzen können »ironische Wegweiser zur Wahrheit« sein – wie sonst (nach Reitz) Irrtümer.

Überhaupt die Irrtümer! Hatte nicht Novalis erkannt: »Irrtum ist das notwendige Instrument der Wahrheit.« Nietzsche umgekehrt: »*Wahrheit, ... die Art von Irrtum,* ohne welche eine bestimmte Art von lebendigen Wesen nicht leben könnte.«
Ist Wahrheit »nur der zweckmäßigste Irrtum«, wie der Kantianer Vaihinger meinte, oder »nur eine gutmaskierte Unwahrheit« (so der Dichter Farquhar)? Oder »eine gedachte Linie, die den Irrtum in zwei Teile teilt«, wie der amerikanische Essayist Hubbard nicht ohne Hintersinn formulierte? Lichtenberg bestimmte gar die Philosophie als die Kunst, »neue Irrtümer zu finden« – auch zu erfinden(?). Wir sind »necessitiert zum Irrtum«. Nietzsche hält die Sprache für dessen »Anwalt« und spricht von in der Sprache »versteinerten Grundirrtümern der Vernunft«. Er nennt z. B. den »Irrtum vom ›Sein‹«, ja: »Das Individuum selbst ist ein Irrtum!« (Der Postmodernist avant la lettre!)
Die Gelehrten kennzeichnet nach Anatole France »die erworbene Fähigkeit ..., sich an weitschweifigen und komplizierten Irrtümern zu ergötzen«. »Sieht man genau hin, ist eine Theorie nichts als ein definierter und beschworener Irrtum«, meint Alain, der französische weltkluge Feuilletonphilosoph. »Wer endlich vermag zu ermessen«, rief Augustinus aus, »welchen Geistreichtum Philosophen und Häretiker aufgewandt haben bei der Verteidigung ihrer Irrtümer und Verkehrtheiten!« Ist der Irrtum nicht »die tiefste Form der Erfahrung« (M. Kessel), geradezu »die Vergangenheitsform der Weisheit – unzeitgemäße Wahrheit«? Wie Lohberger sagt, jedenfalls: »Irren ist menschlich, macht menschlich.« Und: Irren ist produktiv! »Ich habe viel Mühe«, sagte Herr Keuner (bei Brecht), »ich bereite meinen nächsten Irrtum vor.« Youngs murphologisches Gesetz lautet: »Alle großen Entdeckungen wurden durch

Irrtümer gemacht.« Der Fortschritt besteht darin, daß man den jeweils letzten Irrtum als Irrtum erkennt und durch einen neuen ersetzt. Die philosophische Methodologie der Irrtumsnutzung, genannt Fallibilismus (ohne ›Ph‹!), besteht darin, auch aus dieser Not eine Tugend zu machen. Statt Feyerabends »Anything goes!« wäre vielleicht Pavlus murphologisches Prinzip der Forschungsökonomie eine wirklich anwendbare Forschungsregel – auch für die philosophische Wahrheitsverbreitung: »Erstens: bestreite die letzte anerkannte Erkenntnis auf der Liste. Zweitens: füge deine Erkenntnis hinzu. Drittens: gib die Liste weiter!« Produktive Irrtumserzeugung im Serienverfahren ...[15a]
Hatte nicht auch schon W. E. Richartz in seinem Roman *Reiters westliche Wissenschaft* erkannt: »Wissenschaftsgeschichte ist der Fortschritt von Irrtum zu Irrtum. Irrtümer werden widerlegt, bis sich die Widerlegungen selbst als Irrtümer erweisen.« Und später: »Die Vermehrung des Wissens, wie die Menschenvermehrung, macht hoffnungslos.« Die Lage der Wissensvermehrung – auch in der Philosophie – ist wohl hoffnungslos, aber nicht ernst, denken Philosophierende doch noch selbst, mehren sie selbst ihre euphemistisch »Wissen« genannten Irrtumsentwürfe. Allenfalls lassen sich durch Zitate interessante Irrtumsentwürfe anregen. Nach einer Abwandlung von Weiners murphologischem Gesetz der Bibliotheken: »Es gibt keine Antworten, nur Querverweise«: Am Anfang war nicht, wie bei Goethe, die Tat, sondern das Zitat – als Zutat des Philosophen zum zänkerischen Denkerischen. Höchste Lust ist Selbstzitat. »Citare necesse est!«

Die Wahrheit im Smoking oder Raumanzug

»Genau besehen«, erkannte Goethe, »ist alle Philosophie nur der Menschenverstand in amphigurischer Sprache«: in etwas komplizierter, verdrehter Sprache. Herr N. N. definierte: Philosophie – »der vergebliche Versuch, mittels geschraubter Sätze den Nagel auf den Kopf zu treffen« und so einen Pudding an die Wand zu nageln. Also keineswegs dasjenige, was nur das Unmögliche erstrebt, sondern – nach Braston: »Philosophie ist gesunder Menschenverstand im Frack«, also nur ein etwas vornehm präsentierter Gemeingeist? »Philosophie ist der gesunde Menschenverstand des nächsten Jahrhunderts«, glaubt der amerikanische Geistliche Beecher. Philosophie, so könnte man fortsetzen, ist in gewissem Sinne der (un)gesunde Menschenverstand im Smoking oder Cutaway oder im Raumanzug der Zukunft, je nachdem, was man ironisieren will. Also hat die Philosophie auch etwas von Unlösbarkeit, von Paradoxem, von Ausweglosigkeiten an sich. Sie scheint im Dilemma ewiger Schwierigkeiten, die man dennoch immer wieder zu lösen versucht. Philosophie kämpft ständig mit dem Unmöglichen, dem Unsagbaren, dem Unfaßbaren: Der Philosoph – der Heros unbeirrbarer Hoffnung, Sisyphos des Geistes, angesichts intellektueller Hoffnungslosigkeiten – steht unter der Selbstverpflichtung, sich stets wieder zu seinem letztlich unmöglichen Geschäft zu motivieren, aus der Not ewiger Ergebnislosigkeit doch noch die Tugend eines Ergebnisses, und sei es in Gestalt des ewigen Fragens und Strebens, zu machen. (Immerhin glaubte Camus, man müsse sich Sisyphos als einen glücklichen Menschen vorstellen.) Lessings Wort von der Ersetzung der Wahrheitserkenntnis durch das unablässige, jedoch ergebnislose Wahrheitsstreben kommt mir dabei in den Sinn: »Wenn Gott in seiner Rechten alle *Wahrheit* und in seiner Linken den einzigen immer regen Trieb nach Wahrheit, obschon mit dem Zusatze, mich immer und ewig zu irren, verschlossen hielte, und spräche zu mir: Wähle! Ich fiele ihm mit Demut in seine Linke und sagte: ›Vater, gib! die reine Wahrheit ist ja doch nur für dich allein!‹«

Thomas Bernhard läßt seinen (im Nach-Titanic-Zeitalter zu Schiff nach Amerika fahrenden) Kant und dessen Frau (sic!) über seinen intelligenten Papagei (Psittacus erithacus) sagen, daß der auch nach siebzehn Jahren die durchaus nicht-kantische Einsicht »korrektest« wiederholt habe: »Einen Einzigen unbedingt ersten allgemeinen Grundsatz für alle Wahrheiten gibt es nicht.« »Psittacus erithacus: der Philosoph an sich, in sich selbst, an sich!« »Die Welt ist die Kehrseite der Welt«, fährt Bernhards Immanuel Kant in der gleichnamigen Komödie fort, »die Wahrheit die Kehrseite der Wahrheit.« Später kommt diese Kant-Karikatur dann zu Einsichten wie: »Die Wahrheit ist im Equilibrismus«, und zu solchen Selbstanwendungen: »Alles ist Karikatur.« Bernhards Kant lacht laut auf, dann: »Die Kette der Wahrheiten bis zum letzten Glied verfolgen ...« Er fährt nach Amerika, um sich den Grünen Star operieren zu lassen und um Amerika Vernunft und Wahrheit zu bringen: FRAU KANT: »Du bringst Amerika die Vernunft. Amerika gibt dir das Augenlicht« ... KANT: »Kolumbus hat Amerika entdeckt. Amerika hat Kant entdeckt.« Sein Papagei echot oft dazwischen: »Ideallinie, Ideallinie« oder »Imperativ, Imperativ, Imperativ!« Ist die Wahrheit für Bernhard nurmehr Papageiengeplapper? Oder ist die Komödie die Kehrseite der Wahrheit? Armer Kant! Der, »*hochaufgerichtet umsichschauend, stolz und deutlich*«, zum Abschluß von Bernhards Groteske, konstatiert: »Sie haben mich erkannt«, und zuvor großmännlich-kleingeistig: »Ich bringe Amerika die Vernunft!« In ratione veritas? Dichtete dagegen nicht Benn, Jaspers ironisierend:

> »Dagegen unser Europa! Vielleicht Urgrund der Seele;
> aber viel Nonsense[16], Salbader:
> Die Wahrheit, Lebenswerk: 500 Seiten –
> so lang kann die Wahrheit doch gar nicht sein!«?

Ähnlich urteilte Peter Bamm: »Ein dreibändiges Werk über die Wahrheit zu schreiben, verschafft hohe Ehre, selbst wenn es nur die halbe Wahrheit ist. Drei kleine Wahrheiten herauszufinden, gilt schier gar nichts. Dabei ist der Unterschied derselbe wie der zwischen einem, der eine großartige Theorie entwickelt, wie allen Leuten geholfen werden könne, und einem, der hingeht und einem braven Mann, der Hunger hat, eine warme Mahlzeit verschafft. Daß es Wahrheiten gibt, ist sicher. Ob es aber so etwas wie die Wahrheit gibt, ist jedenfalls zweifelhaft.« Gut fallibilistisch-nachhegelianisch muß man wohl sagen: »Die Wahrheit ist das Halbe!«

Ist »die Wahrheit ... ein Geschäftsgeheimnis«, wie der Wirtschaftstheoretiker Helmar Nahr befand? Oder hat der Aphoristiker Helmut Arntzen recht, der feststellt: »Näher kommt ihr das Gegenteil dessen, das man für sie hält.«

Wahrheit – »ein Verdacht, der andauert«? (So sah es jedenfalls der spanische Dichter Campoamor y Campoosorio.) Wie einfach hatte es doch jener Ingenieurwissenschaftler der Universität Stuttgart, der Goethes »Was fruchtbar ist, allein ist wahr«, modern, funktionalistisch gestylt wieder aufnahm: »Wahr ist, was funktioniert« (K. H. Höcker). Oder sollte endlich Schopenhauer recht behalten: »Die Wahrheit ist keine Dirne, die sich denen an den Hals wirft, welche ihrer nicht begehren: Vielmehr ist sie eine so spröde Schöne, daß selbst, wer ihr alles opfert, noch nicht ihrer Gunst gewiß sein darf.«

»Wahrheit«, so erkannte freilich schon der älteste durch Überlieferung bekannte Philosoph der Menschheit, Uddalaka Aruñi, »Wahrheit ist schlechthin Lehm«! Wer wirft denn da mit Wahrheit noch um sich? Kann man noch, wie die »angewandten Erinnerungen« *Die Insel des zweiten Gesichts* Albert Vigoleis Thelens, statuieren: »Im Zweifelsfall entscheidet die Wahrheit«? Ähnliches setzte sich schon vor langer Zeit die Harvard University zur Aufgabe: »Veritas«

steht auf ihrem Signum. »In signo veritas – Im Zeichen liegt die Wahrheit«: Darin sieht der junge Philosoph Günter Abel den Ansatz zu einer umfassenden Philosophie der Interpretation – ganz ähnlich, aber radikaler als meine Philosophie der Interpretationskonstrukte. In signo veritas – in vino veritas? Haben wir zu wählen?

Wahrheits- und weinselige Philosophen

In vino veritas? »Verdirbt das nicht den Geschmack?«, fragt Gabriel Laub: »Wahrheit und Wein – die besten Objekte für Etikettenschwindel.« Als Reaktion bleibt da nur die Pilatus-Frage. Doch nach Lichtenberg gilt: »Es ist fast unmöglich, die Fackel der Wahrheit durch ein Gedränge zu tragen, ohne jemandem den Bart zu sengen.« Lukian schon tadelte durch den Mund seines lebenspraktisch veranlagten Sokratikers und Ironikers Lycinus, »daß die Philosophen ihre Weisheit für Geld hergeben wie die Wirte ihren Wein und daß nicht wenige von ihnen ihre Ware ebenso mischen und verfälschen und ebenso betrügliche Maße führen wie diese«. In seinem Lied »Der trunkene Philosoph« dichtete Wilhelm Weischedel weitaus sinnvoller in Schüttelreimen (hier gekürzt und z. T. umgestellt):

»Wer nie sein Brot mit Philosophen aß,
wer nie gedankenvoll am Ofen saß,
wer niemals, schwanger von Ideen, wachte,
wer niemals in des Geistes Wehen dachte,
wer über allzu tiefes Denken lachte,
sein Leben ohne Geist zu lenken dachte –
des Wissen mag zwar durch das meiste geistern,
er wird doch nie das All im Geiste meistern.
Denn was ein Denker auch im Guten leiste,
er dankt's zuletzt dem absoluten Geiste.

Man spottet oft ob solchen Wundergreisen:
sie wollen aller Dinge Grund erweisen. [...]
Doch mußt du, willst du dich zum Wahren finden,
dich vorher noch durch viel Gefahren winden;
oft droht dich dunkle Nacht des Nichts zu lähmen
und dir den letzten Strahl des Lichts zu nehmen. [...]
So fühlt man oftmals sich im Leeren schweben
in einem allzu geistesschweren Leben.
Man kann nicht stets im Unerreichten leben,
drum braucht man auch den Saft der leichten Reben,
der uns die Seele metaphysisch nährt,
der durch den Geist uns dionysisch fährt.
Der Denker sich vom Wein befeuchten lasse,
damit er recht des Geistes Leuchten fasse;
denn mancher erst in der Befeuchtung Land
den Geist der tieferen Erleuchtung fand.
Es hat das wahre Wort vom Sein gewagt,
wer es, erfüllt von dunklem Wein, gesagt. [...]
Greift man dabei auch mal die Töne schief:
nur durch den Wahnsinn wird das Schöne tief.«

Professorenschicksal

Nach Schopenhauer nimmt »in der Universitätsphilosophie die Wahrheit nur eine sekundäre Stelle ein ...«; denn die Kathederphilosophie verdrängte die Wahrheit zugunsten einer »anderen Eigenschaft« (konfessionelle oder herrschaftliche Brauchbarkeit oder »redliches Auskommen« des Universitätsphilosophen »nebst Weib und Kind«): »Dies also unterscheidet auf den Universitäten die Philosophie von allen anderen daselbst kathedersässigen Wissenschaften.« Freilich meint Schopenhauer auch: »Nichts schadet der Philosophie mehr als die besoldeten Professoren derselben, welche glauben, von Amts wegen eigene

Schopenhauer und des Pudels Kern und Äußeres nach Wilhelm Busch

Gedanken haben zu müssen.« »Für die Philosophie könnte nichts besseres geschehen, als daß alle Professuren derselben aufgehoben würden!« Von sich sagt Schopenhauer – nicht ganz unbescheiden: »Ich habe die Wahrheit gesucht, und nicht eine Professur.«

Der Schriftsteller Ladislav Klíma läßt am Ende seines Romanfragments *Der schreckliche Tod Fabios* den romantischen Räuber Fabio seinem eigenen Schatten begegnen, der ihm einen baldigen schrecklichen Tod prophezeit mit den schlimmsten, kaum ausdenkbaren Folgen danach:

»›Du wirst etwas ungeheuer Niedriges und Armseliges werden.‹ ›Was? Eine Kröte? Eine Spinne? Ein Regenwurm? Ein Mistkäfer?‹ ›Viel schlimmer!‹ ›Ein Hund?‹ ... ›Etwas

noch viel Schlimmeres!‹ ›Sprich! Ich befehle es‹, schrie Fabio. ›Nun muß ich also – wohl oder übel. Du wirst – Professor! ... Wehe, wehe, dreimal wehe! Du wirst Universitätsprofessor, Professor der Philosophie, namentlich der Moral!‹ Fabio begann wie eine sterbende Hyäne zu schreien und schlug wieder und wieder seinen Kopf auf den Boden. ›... Nur der Gedanke, zum erbärmlichsten aller Kriechtiere zu werden, ist mir unerträglich, *jetzt* unerträglich ... Mein Stolz ist dahin. Ich bekenne, daß ich ein Hund bin, ein Hundedreck! O Bruder! Verwende dich für mich bei König Orkus, damit er mich zu einem Hundedreck macht!‹ ›Das wird er, mein Herr. Denn ein Universitätsprofessor der Ethik ist dessen Extrakt.‹ ›Ich will nicht der Extrakt sein! Ich will er selbst sein!‹ ... Er fiel wieder in Ohnmacht. Sein Zwilling lachte auf, spuckte ihm ins Gesicht und sagte: ›Wir werden uns nie mehr wiedersehen, Hundedreck! Verrecke, bald, bald! Wie ich mich für dich schäme! Ich habe etwas Besseres verdient als einen Professor zum Herrn, etwas Besseres, als der Schatten eines Professors der Ethik zu sein ... Pfui, du Hund! Pfui, Pfui! Professor, Professor.‹ Mit diesem Wort erbrach er sich auf Fabios leichenblasses Gesicht – und verschwand.«
Ich weiß leider nicht mehr, von wem die soziale Potenzierung der Problematik stammt, die sich in der bekannten Story über die Erschaffung der Philosophieprofessoren ausdrückt: »Als Gott die Welt erschaffen hatte, schuf er als Vollendung des Ganzen zum Schluß den Philosophieprofessor. Und Gott sah, daß alles gut war! – Und dann kam der Teufel und schuf den Kollegen des Philosophieprofessors. Und so begann das Elend der Philosophie.« Schon Seneca sah das Elend klar: »Wende dich von diesem wissenschaftlichen Gesellschaftsspiel der Philosophieprofessoren ab, die an den höchsten Gegenständen nur Silbenstecherei üben und durch ihre Kleinigkeitskrämerei den Geist entwürdigen und zermürben! Strebe den schöpferischen

Denkern nach und nicht jenen, die über sie nur Vorlesungen halten!« – Vorlesungen, die veröffentlicht werden: Der Zettel-Träumer Arno Schmidt formuliert sehr grantig seine Meinung über die Ordinarien und ihre Vorlesungsveröffentlichungen: »Allerdings eignet den meisten davon die bresthafte kalte Frechheit, ihre Vorlesungen periodisch zusammendrucken und die ziemlich überflüssigen Produkte als Bücher deklarieren zu lassen: die frostigste Meinung, die je in einen Papierkopf kam.«

Dickbrettbohrer und die Ouroboros-Schlange

Doch Philosophieren – so könnte man Max Webers berühmte Definition der Politik erweitern – ist das beharrliche Bohren dicker Bretter, allerdings der vor dem eigenen Kopf. Eigenbrettbohrer – mit oder ohne Erfolg?
Etikettenschwindel, falsches Bewußtsein? Gibt es keine Remedur? H. Lamprecht sieht selbst hier noch einen Vorteil:

»Das falsche Bewußtsein
hat das Verdienst,
vom richtigen
entlarvt werden zu dürfen.
So gesehen
trägt es bei
zur fortschreitenden
Erhellung der
immer finstrer
werdenden Welt.«

Ist Philosophie so der tätige und beständige Ausdruck des Muts der eigenen Verzweiflung: selbstfabrizierte Motivation, Münchhausens Versuch, sich am eigenen Schopfe aus dem Sumpfe zu ziehen, aus der Hoffnungslosigkeit Hoffnung zu schöpfen? Oder trifft eher die negative Variante des Münchhausen zu: Die Schlange, die ihren eigenen Schwanz, ja, sich selber frißt? Das Urbild des Circulus vitiosus, des bösartigen Zirkels, in dem sich manche philosophischen Argumentationen und Philosophen seit alters bewegen. Ist der Ouroboros, die sich selbst vom Schwanz her auffressende Schlange, das Urbild nicht nur der Paradoxie, wie Hughes und Brecht in ihrem schönen Buch *Die Scheinwelt des Paradoxons* behaupten, sondern gar der Philosophie generell? Doch erkannten diese beiden Autoren messerscharf: Es ist »unmöglich: die Kiefer können sich nicht selbst zerbeißen, und der Magen kann sich nicht selbst verdauen«. Tröstlich: die Philosophie wird also ihr zirkuläres Wappentier am Ende überstehen. Wer frißt schon gern sich selber? Sollte Adenauers philosophischer Witz recht behalten: »Die Lage ist hoffnungslos, aber nicht ernst«?

Demonstrativer Begriffsheroismus zum Zweck der Selbstbetörung und -begeisterung? Deswegen vielleicht sagt einer der erfolgreichen gegenwärtigen Aphoristiker und Ironiker, Gabriel Laub, Philosophie sei »die Kunst, auch daraus ein Vergnügen zu ziehen, daß man das Leben unvergnüglich findet«. Doch »Philosophen sind Leute, die freiwillig auf das verzichten, was sie sowieso nicht bekommen«, fügt George Mikes hinzu. Philosophie also nicht nur der Versuch, aus der Not des Unwissens die Tugend der Gedanken oder der Gedankenverdreherei zu machen, sondern dies auch noch freiwillig vergnüglich zu finden? »Des Unglücks süße Milch, Philosophie«: hat Shakespeares Romeo nicht recht? Hat wiederum das *Wörterbuch des Teufels* von Bierce recht, wenn es definiert: »Philosophie – eine Route aus vielen Straßen, die von nirgendwo zu(m) Nichts führen« (»Philosophy: a route of many roads leading from nowhere to nothing«)? Oder sieht es eher die philosophische Hobby-Zeitschrift *Why?* (I (1958) 1, 1) aus Oxford richtig: »The value of philosophy is to protect us from other philosophers.[17] But who will protect us from ourselves if we take ourselves too seriously?« Schutz vor sich selbst als Aufgabe der Philosophie scheint in der Tat nicht gesehen worden zu sein. Dabei ist gerade sie heute wie schon ehedem besonders nötig. Zumal auf Kongressen! Doch gibt es (nach Marti) auch eine neue Ungeniertheit im Rollen der Informationslawine: »Hier unter Kollegen darf jeder Autor sich ungezwungen bewegen: keiner hat die Bücher des andern gelesen.«

Gebote des Philosophen

Im Gegensatz zu dem zweiten Teil des Schutzgesuches steht allerdings das erste von dreizehn sogenannten »Geboten des Philosophen«, die der philosophische Praktiker Dell' Antonio in Hamburg aufgestellt hat:

> »Du sollst dich selbst ernster nehmen, als du die anderen nimmst und als die anderen dich nehmen.«

Zu den weiteren Geboten dieses Praktosophen gehören:

> »Du sollst Sinn und Unsinn unabhängig von dem Munde, aus dem er kommt (und sei es dein eigener, Zusatz v. H. L.), beurteilen.«
> »Du sollst Kopien nicht weniger als Originale ehren.«
> »Du sollst nie etwas Größeres auf etwas Kleineres legen.«

Und:

> »In jeder Ordnung, die du schaffst, soll Platz für Unordnung sein.«

Soll dies auch für die Studenten und Kandidaten der Philosophie gelten? Wohl nicht zu sehr. Ordnung und Umsicht tun in gewissem Maße not. Z. B.: Für Doktoranden der

Philosophie sollte man die Empfehlung des Präsidenten der Deutschen Forschungsgemeinschaft, Herbert Markl, zum Vorsichtsgebot erheben: »Man kann gar nicht umsichtig genug bei der Wahl seiner Eltern und seines Doktorvaters sein.«

Philosophische Beulen und offene Türen

Der nicht nur neuerdings, aber heute wieder erhobene pessimistische Ton in der Philosophie muß durchaus nicht nur ironisch gemeint sein; denn es gibt gerade in der Moderne sehr ernsthafte Philosophen, die der kreativen, der schöpferischen, der neuartigen Kraft der Philosophie ebenfalls nicht sehr viel zutrauen. So z. B. Ludwig Wittgenstein, einer der Revolutionäre der Philosophie dieses Jahrhunderts (der übrigens kein studierter Philosoph war – wie sehr häufig die großen Philosophen eigentlich aus anderen Wissenschaften kamen –, er studierte nämlich Ingenieurwissenschaften an der Technischen Universität in Berlin und hat später auch eine Reihe von Erfindungen gemacht; er hat sich als Architekt betätigt, war dann Volksschullehrer und zwischendurch eben gelegentlich auch Philosoph). Er hat ein einziges Buch[18] publiziert, das dann nachträglich als Doktorarbeit anerkannt wurde, einen einzigen Aufsatz veröffentlicht, eine einzige öffentliche Rede gehalten, aber viele, viele unveröffentlichte Notizen nachgelassen, die hinreichen werden, um bis zum Schluß des Jahrhunderts die fleißigen Editoren, also die wirklichen Kärrnerarbeiter des Geistes, zu beschäftigen und natürlich vielen Verlegern, Setzern, Druckern Job und Brot zu geben. (Man muß diese zwar nicht makroökonomisch bedeutsame Seite der Philosophie beiläufig wohl auch einmal sehen.) Wittgenstein meinte, das Philosophieren sei nicht das Gewinnen philosophischer Sätze, sondern höchstens das »Klarwer-

den« von Sätzen. Die Philosophie könne im Grunde eigentlich nichts verändern, sie könne im Grunde nur Sprachgebräuche *beschreiben*: »Möge Gott dem Philosophen Einsicht geben in das, was vor aller Augen liegt.« Der Physiker (Theoretiker der Mechanik!) Lichtenberg glaubt »überhaupt, daß unsere ganze Philosophie darin besteht, uns dessen deutlich bewußt zu werden, was wir schon mechanisch sind«. (Meint er: »von selbst«, »automatisch«, »unreflektiert«?) »Das ist allein Gewinn: latente Dinge sensibel machen« (Lichtenberg). Das Leitmotiv scheint zu sein: »Der Philosoph als Genie / gewinnt umständlich langsam die / Erkenntnis, die ein Laie meist / so aus dem Stegreif schmeißt« (vom Volksphilosophen N. N. kolportiert).
In seinen posthum erschienenen *Philosophischen Untersuchungen* schrieb Wittgenstein: »Die Ergebnisse der Philosophie sind die Entdeckung irgendeines schlichten Unsinns und Beulen, die sich der Verstand beim Anrennen an die Grenze der Sprache geholt hat. Sie, die Beulen, lassen uns den Wert der Entdeckung erkennen.« Das heißt, je größer also die figurative, die symbolische Beule, die wir beim Anrennen, bei der Arbeit des Begriffs gegen anscheinend unüberwindliche Wände holen, desto größer der Wert jener Entdeckung. Lichtenberg bereits sprach von der »falschen Philosophie«, die »unserer ganzen Sprache einverleibt« sei: »Unsere ganze Philosophie ist Berichtigung des Sprachgebrauches.« (Sind Lichtenberg und Mauthner die eigentlichen Vorläufer Wittgensteins – z. T. auch Schopenhauer?) »Alles Philosophieren«, meinte auch schon F. H. Jacobi, »ist nur ein weiteres Ergründen der Spracherfindung.« Die Philosophie darf nach Wittgenstein jedoch überhaupt nichts verändern, sie kann eigentlich nur Beschreibung sein, sie könne nur das beschreiben, was eigentlich jeder schon weiß, aber was er u. U. nicht entdeckt hat. Die einzige Aufgabe ist es, Fallen in der Sprache aufzudekken, Fallstricke der Worte, der Begriffe aufzulösen.

»Die Philosophie« »darf«, nach Wittgenstein, »den tatsächlichen Gebrauch der Sprache in keiner Weise antasten, sie kann ihn am Ende nur beschreiben. Denn sie kann ihn auch nicht begründen. Sie läßt alles, wie es ist.« Sie rennt nicht nur gegen die Wände der Sprachtradition, in die der Geist eingepfercht ist, sondern sie rennt nur offene Türen ein (niemals freilich mit dem Kopf durch die Wände): »Eines bleibt keinem Philosophen erspart«, meinte schon Christian Morgenstern: »das Offene-Türen-Einrennen. Dreiviertel seiner Kraft geht darauf flöten«. Das stimmt sehr gut mit Wittgensteins Auffassung überein: »Die Philosophie stellt eben alles bloß hin, und erklärt und folgert nichts. – Da alles offen daliegt, ist auch nichts zu erklären. Denn, was etwa verborgen ist, interessiert uns nicht. ›Philosophie‹ könnte man auch das nennen, was vor allen neuen Entdeckungen und Erfindungen möglich ist . . . Die Arbeit des Philosophen ist ein Zusammentragen von Erinnerungen zu einem bestimmten Zweck.«
Nun, zu welchem Zweck? Zum Album bunter Begrifflichkeiten? Wiederum Lichtenberg: »Philosophie ist immer Scheidekunst . . ., der Philosoph gibt uns die reinen Sätze«, glaubte er.
Utopisches Idealziel, was den zweiten Teil betrifft? Der Zweck ist in der Tat Klärung, Vermeidung von begrifflichen Schwierigkeiten. »Die deutschen Begriffe wieder zu klaren herabstimmen«! (Lichtenberg)
Doch ist Begriffsklärung schon alles?

Klärung der Klärung

Ist Philosophie eigentlich nur ein Geschäft der Klärung, eine Disziplin der Begriffserklärung? Nun, das ist natürlich ein wenig zu kurzschlüssig, zu pessimistisch, zu passivistisch ausgedrückt.

Im übrigen reagierten auch Philosophen in einer Art kleiner Feldbefragung recht unwillig auf eine solche restringierte Konzeption. Ernsthafte Philosophen sind ja wie Politiker, muß man wohl hinzufügen, diejenigen Wesen, die des Humors, der Kunst, über sich selbst zu lachen, fast per definitionem unfähig sind. Ich hatte Gelegenheit, vor einigen Jahren einmal anläßlich des Deutschen Kongresses für Philosophie bei einem Schiffsausflug auf der Kieler Förde teilzunehmen, bei dem sich die Philosophen ausnahmsweise einmal alle im gleichen Boot befanden (und nicht auf dem falschen Dampfer; denn dieser ging nicht unter, sonst wären ja die dringlichsten Probleme der akademischen Arbeitslosigkeit und der Stellensituation für Nachwuchsphilosophen in unserem Fach weitgehend gelöst). Man erblickte vom Boot aus auf der linken Seite einige Kuppeln und einige große Auffangbecken. Auf meine Bemerkung: »Dort an Backbord sehen Sie das städtische Analogon zum Philosophischen Seminar der Universität Kiel!«, fragte man: »Wieso?« Ich sagte: »Die *städtische* Kläranlage.« Daraufhin reagierte man doch etwas pikiert – zu Recht sub specie severitatis – und meinte, das allein könne doch nicht der Sinn und die Aufgabe der Philosophie sein, und die hehre Göttin der Philosophie dürfe man doch nicht so ironisieren.

»Klar nennt man Ideen, die dasselbe Maß an Verwirrung haben wie unser eigener Geist«, so unterbaute Marcel Proust Descartes' Wahrheitsdefinition durch die klaren und distinkten Vorstellungen.

Wie ist nun das Verfahren der Klärung? Diese Frage erinnert mich an ein kleines ironisches Gedicht, das ich als Unterprimaner einst verfaßte:

Der Philosoph, ein kluger Mann,
Faßt nur von vorn Probleme an,
Und was er hat vorausgesetzt,

Wird so lang hin und her gehetzt,
Wird deduziert, formalisiert,
Analysiert und kritisiert,
Bis er wirklich das bekommt,
Was ihm so gerade frommt,
Bis er endlich das bewiesen,
Was vorausgesetzt gewesen.

Die große philosophische Spirale, die den Philosophen emporführt, indem er die Fragen ständig um sich selbst, ja, sich selber um sich selber dreht? Hatte nicht Gabriel Marcel hoffnungsvoll gemeint, nicht das »sum«, sondern »sursum«, nicht das »Ich bin«, sondern »Empor!« kennzeichne den Menschen? Die Philosophie – ein endloses Sich-Emporschrauben, das beharrliche Bohren geistreich (um sich selbst) gewundener Löcher im saftigen Holz von des Lebens grünem Baum?

Wie sagt Mephistopheles in Goethes *Faust*: »Wer gibt Erklärung solcher Schleudermacht? Der Philosoph, er weiß es nicht zu fassen . . .« Dies bezieht sich zwar auf die vulkanische Gebirgsentstehung, die der Neptunist Goethe als teuflische, wohl vom Höllenfeuer veranlaßte Ansicht abstempelt. Doch gilt dies wohl allgemeiner: es ist schon teuflisch, daß die Philosophie so wenig zu fassen weiß.

Was meinen Hinz und Kunz zum Prozeß des Philosophierens? Nach Matthias Claudius dies:

»HINZ: Bist auch für die Philosophey?
KUNZ: Was ist sie denn? so sag's dabei.
HINZ: Sie ist die Lehr, daß Hinz nicht Kunz, und Kunz nicht Hinze sei.
KUNZ: Bin nicht für die Philosophey.«

So sah der Dichter Claudius das Grundproblem der Philosophieakzeptanz bei Hinz und Kunz geradezu gordisch gelöst.

»Was ist dein Ziel in der Philosophie?« fragte Wittgenstein (*PU* § 309). »Der Fliege den Ausweg aus dem Fliegenglas zeigen.« Ein Wort, über das manche sehr lange nachgedacht haben und das sehr tief zu sein scheint. Wittgenstein hat leider nie notiert, woher er seine Quellen hat; es läßt sich aber leicht herausfinden, daß diese fundamentale Weisheit von einem schon erwähnten philosophischen Vorgänger, der allerdings nicht öffentlich als Philosoph reüssiert hat, stammt, und zwar von Christian Morgenstern. Wittgenstein hat ihn gelesen. Morgenstern hat nämlich geschrieben: »Wer sich an Kant hält, dem muß alle Metaphysik erscheinen, wie das hartnäckige Surren einer Fliege an einem festgeschlossenen Fenster. Überall wird das Tier einen Durchlaß vermuten, und nirgends gewährt die unerbittliche Scheibe etwas anderes als Durchsicht.« Wenn sie wenigstens das gewährleisten würde, die Philosophie, denn die Probleme sind ja so schwierig – erwähnt wurden ja schon Zitate über den Versuch, das Unlösbare zu lösen. In der Philosophie würde man sehr wohl fahren und sehr viel erreichen, wenn man wirklich eine Durchsicht erhielte. Wittgenstein selbst stellte fest: »Ein philosophisches Problem hat die Form ›Ich kenne mich nicht aus‹.«[19] Mit anderen Worten: »Ich habe eigentlich keine oder noch keine Durchsicht über das Problem.« Sollte sich in der Philosophie gar das kroatische Sprichwort bewahrheiten: »Wer selbst arbeitet, verliert die Übersicht!«? Leicht abgewandelt, verliert, wer selber (zuviel nach-)denkt, die Übersicht (über das Berufungskarussell zum Beispiel)?

»Der Philosoph von heute verzehrt zwei Drittel seines Lebens in fruchtlosen Anstrengungen, sich im Chaos zurechtzufinden.« Ist diese dadaistische Erkenntnis Hugo Balls aus der Zeit des Ersten Weltkrieges wirklich neu? Wenn Wittgenstein erkannte: »Die Arbeit an der Philosophie ist ...

eigentlich mehr die Arbeit an Einem selbst«, »an der eigenen Auffassung«, »daran, wie man die Dinge sieht«[20], heißt das zuvor Gesagte dann, daß, wer zuviel denkt, die Übersicht über sich selbst verliert? Nochmals Wittgenstein über ein musikalisches Leitmotiv: »Es fiel mir heute ein, als ich über meine Arbeit in der Philosophie nachdachte und mir vorsagte: ›I destroy, I destroy, I destroy –‹.« Ist auch das so neu? Und gibt es nicht die Gefahr der Selbstdestruktion bei Philosophen schon seit dem Altertum?[21] Wer sich zuviel stets mit sich selbst und seiner Glückseligkeit, wie es altertümlich hieß, befaßt, ist ein ewig unglücklicher Selbstentwickler, nur ein pseudophilosophischer Narziß.

Der philosophische Vorreiter der Postmoderne in Frankreich, Jean-François Lyotard, meinte in seinem Vortrag über den »Philosophischen Gang«, daß »Philosophieren zunächst eine Autodidaktik ist«: »Man fängt immer in der Mitte an.« ». . . Man ist Autodidakt . . . Insofern muß man philosophieren, um philosophieren zu lernen.« Auch das Schreiben philosophischer Texte »impliziert genau dieselbe Paradoxie. Man schreibt, bevor man weiß, was zu sagen ist und wie, und um dies, wenn möglich, zu wissen. Die philosophische Schrift ist dem, was sie sein sollte, voraus . . .« Philosophie also als beständige systematische Selbstüberholung, Selbstdistanzierung, Selbstdementierung? Eine Aktivität, die ihren Gegenstand, der sie selbst ist, neu schafft und weiter schafft? Ist dies die traditionelle Selbstbezüglichkeit der Philosophie, ihr ständiges Sich-selbst-voraus-Sein und Sich-selber-Nachhinken? Was ich fasse, ist ständig schon überholt, weil fixiert; das Wesen ist das Nicht-Faßbare, die spiralig in sich und emporkreisende Aktivität selbst. Hatten Platon und Hegel am Ende beide gleichermaßen recht?

Sisyphosprobleme: Was tut der Wind, wenn er nicht weht?

In der Tat stellt sich heraus, daß die Entdeckung von *Problemen* und neuen Problemsichten oder -perspektiven ein ganz entscheidender Fortschritt in der Philosophie sein kann, mit anderen Worten (und das ist wichtig festzuhalten): Es kommt u. U. gar nicht so sehr darauf an, Probleme so zu lösen, daß man ihre Lösungen schwarz auf weiß – und sei es ungedruckt – nach Hause tragen und in seinem (eventuell mentalen) Aktenschrank abheften kann, sondern es kommt eher darauf an, die Probleme wirklich zu erleben, zu durchdenken, durchzuarbeiten, klarzustellen, zu präzisieren, mit den Problemen zu kämpfen, die Fragen klarzulegen und möglichst auszubreiten. Bisweilen ist es eine sehr viel größere Entdeckung, ein wirklich neues Problem zu formulieren, zu entdecken, als etwa ein kleines, schon gestelltes Problem scheinbar oder wirklich zu lösen. »Es ist schon so: Die Fragen sind es, aus denen das, was bleibt, entsteht. Denkt an die Frage jenes Kindes: ›Was tut der Wind, wenn er nicht weht?‹« (Kästner) (Philosophen und Kinder: »So ihr nicht werdet . . .«; erst neuerlich entwickelt sich eine Philosophie für Kinder. »Mit dem Philosophieren soll man getrost schon in der Jugend beginnen«, empfahl der durchaus nicht platt hedonistische Philosoph der Glückseligkeit, Epikur, »aber im Alter auch nicht müde davon ablassen«: für das Bemühen um die Gesundheit der Seele sei es nie zu früh oder zu spät . . .)
In der Tat muß man sagen, daß die meisten großen Entdekkungen in der Philosophie eigentlich Problementdeckungen in diesem Sinne gewesen sind. Das heißt, daß man oft durch eine neue Sicht, eine neue Problemsicht ein ganzes Feld von Fragestellungen, die eine ganz neue Perspektive eröffneten, aufschloß. Diese wiederum führten zu einer großen Vielzahl anderer Probleme: Eine Selbstfortsetzung

der Probleme wurde in Gang gesetzt. Philosophieren ist ständige problemgenerierende Tätigkeit. Philosophie ist keineswegs nur eine rein theoretische Lernwissenschaft, keine Lerndisziplin, kein Stoffach, sondern Philosophieren ist im wesentlichen ein aktives Suchen, ein ständiges Auf-der-Reise-Sein (nicht im wörtlichen Sinne der Jet-Set-Philosophen, die nur auf Reisen Zeit zum Denken finden), ein dauerndes Arbeiten am und mit dem Begriff – in der Hoffnung, daß es nicht nur immer eine Sisyphosarbeit des Begriffs[22] ist. Deswegen sagt z. B. auch Jean Paul: »Es ist nicht halb so ungesund« – immerhin trostreich für die Hochschullehrer der Philosophie –, »Philosophie zu lehren, als zu lernen, eine Philosophie zu machen, statt zu lesen.« Neues Terrain zu erobern, ist risikoreich, verlangt besondere Anstrengung, Selbstüberwindung. Das Neue, neuartige Gedanken – und seien es die neuerliche Entdeckung oder Formulierung des ganz Alten! – sind das Kriterium der eigentlichen Leistung, des Fortschritts, des Schöpferischen in der Philosophie. Dennoch sagen viele Autoren, daß auch im Philosophischen so etwas wie ein Gegensatz zum eigentlichen Schöpferischen und besonders zum Vitalen besteht.

Philosoph und Vitalität

Louis Pasteur urteilte: »Eine Flasche Wein enthält mehr Philosophie als alle solchen Bücher.« Viele sehen den Philosophen eher ironisch als so etwas wie den Buchhalter des Geistes, wenn nicht gar des Weltgeistes. »Philosophieren«, meinte der spanische Lebensphilosoph Ortega y Gasset, »heißt eigentlich nicht leben, leben heißt eigentlich nicht philosophieren.«[22a] Wie soll man das verstehen? Ist das bezogen auf diese Tätigkeit des buchhalterischen Verwaltens der denkerischen Tradition, oder heißt das, daß das

»Ago, ergo sum« oder: Motivation als Selbstbekräftigungssystem – wie Psychologen sagen (besonders der Ex-Vorsitzende des Wissenschaftsrats, Heckhausen)

Denken, die Arbeit am Begriff, jemanden so total engagiert, daß man im Grunde zum aktiven eigenen Leben gar nicht mehr die Zeit und Bereitschaft hat? Oder wie soll man dies sonst deuten? Ist es nicht geradezu ein Widerspruch, wenn Philosophieren schöpferische Denktätigkeit sein soll, zu sagen, Philosophieren heiße eigentlich nicht leben – oder eigentlich nicht eigentlich leben? »Im Handeln liegt das Wesen der Dinge« – meint der Psychoanalytiker Tilman Spengler. *Ago, ergo sum.* Im Handeln liegt der Sinn. Eigenhandeln bildet Sinn. Worte: nur Schlagschatten des Handelns. »Laß dich nicht gehen, gehe selbst«, formulierte Magda Bentrup, eine Schülerin, im Aphorismen-Wettbewerb der *Zeit.* Als alter Ruderer [23] erinnere ich mich dabei an Graf von Platens Lebensregel (Nr. 34): »Überlaß dein Boot auf dem Meere des Schicksals nicht den Wellen, sondern rudere selbst; aber rudere nicht ungeschickt!« Handelt, lebt der Philosoph in diesem Sinne nicht – wenigstens nicht aktiv, nicht wirklich vital? Nietzsche warf dies fast allen Philosophen vor. Doch meinte nicht schon Seneca: »Philosophie lehrt tun, nicht reden«? »Am Anfang war – die Tat.« Urworte faustisch. Doch: »Die Leute verlangen, daß Ulrich etwas tut. Ich habe es aber mit dem Sinn der Tat zu tun«, reflektierte Musil über seinen Mann ohne Handlungseigenschaften.

»Das ›Ich kann nichts tun‹ muß alle meine Handlungen begleiten ...«, formuliert mein Freund Rainer Hegselmann zum Zeit- und Zeitungsgeist – hoffentlich nicht zum philosophischen Geist (analog natürlich zu Kants »Das: Ich denke muß alle meine Vorstellungen begleiten können«). Geistes- versus Handlungsneurosen?

Nietzsche fragte sogar, »ob nicht die Krankheit das gewesen ist, was den Philosophen inspiriert hat ... und ob nicht, im großen gerechnet, Philosophie bisher überhaupt nur eine Auslegung des Geistes und ein Mißverständnis des Leibes gewesen ist«. Aber er legte auch das bekannte Wort seinem Zarathustra in den Mund: »Es ist mehr Vernunft in deinem Leibe, als in deiner besten Weisheit.«

Die nackte Wahrheit

In Parenthesen sei gefragt, wie es denn dann mit Christian Morgensterns Einsicht steht: »Man kann wohl sagen, daß das Geschlecht zwei Drittel aller möglichen Geistigkeit auffrißt«? Auch der philosophischen?[24] Vielleicht gerade diese ... Es war übrigens in der Tat mein akademischer

Gewissenhaft

Ein Professor der Ästhetik sollte in einem Prozeß gegen Nackttänzerinnen als Sachverständiger vernommen werden. Um sich ein richtiges Urteil zu bilden, ließ er sich von seiner Gattin Nackttänze vorführen. Er kam zu der Ansicht, daß Nackttänze niemals geeignet sind, die Sinnlichkeit zu erregen.

Thomas Theodor Heine, 1922 (Simplizissimus)

Lehrer, der den Studenten mit der sprichwörtlichen Antwort: »Coito, ergo sum«, aus der Philosophikumsprüfung weisen mußte. (Ist das nun Intensivum, Frequentivum oder der Imperativ II? Die lateinische Grammatik läßt das anspielungsreich offen.) Dieser Satz gab zwar gerade nicht Descartes wieder, aber so ganz unrecht hatte der Student vielleicht doch nicht. »Libido qua necesse est fluat« (Seneca). Ob das wohl heute noch stimmt? Diogenes von Sinope, der Kyniker, pflegte demonstrativ-provokativ »alles in voller Öffentlichkeit zu tun, sowohl was die Demeter betrifft, wie auch die Aphrodite«. Als er einst auf dem Markte Onanie trieb, sagte er (nach Diogenes Laërtius): »Könnte man den Bauch auch ebenso reiben, um den Hunger loszuwerden.« Provokative Freiheit des Hungerleiders: zynisches »Epater le bourgeois« – das gab's schon im alten Athen.
Lichtenbergs Rat: »Jedermann sollte wenigstens soviel Philosophie und schöne Wissenschaften studieren, als nötig ist, um sich die Wollust angenehmer zu machen.« Übrigens: Max Ernst, der Künstler, antwortete auf die selbstgestellte Frage »Was halten Sie von Kant?«: »Die Nacktheit der Frau ist weiser als die Lehre des Philosophen.« (Weisheit also in der Nacktheit, die nackte Wahrheit? Oder eher Schönheit? Kann man aber – als Mann – hier Kants Bedingung des *interesselosen* Wohlgefallens als Kriterium der Schönheitsbeurteilung überhaupt erfüllen? Doch denkt man selbst, nach Kant, »wenn z. B. gesagt wird: das ist ein schönes Weib, in der Tat nichts anders als: die Natur stellt in ihrer Gestalt die Zwecke im weiblichen Baue schön vor«: ohne *bestimmten* Zweck freilich – rein interesselos – unpersönlich? Und nur so wäre, leider, folgte man unserem erotisch wohl nicht sehr erfahrenen philosophischen Altmeister, ein wirkliches Geschmacksurteil möglich.
O. H. Kühner beschrieb das Verhältnis eines Wissenschaftlers oder Philosophen zur nackten Wahrheit in seinem wahrscheinlich wahrheitsträchtigen Gedicht:

Schon Jonathan Swift karikiert in seinem satirischen Roman »Gullivers Reisen« die Philosophen. Auf seiner dritten Reise begegnet Gulliver merkwürdigen Philosophen, die sich im Glauben an ihre eigenen Begriffsmärchen vom wirklichen Leben abwenden: »Hier und da in der Menge standen Leute (es waren offenbar Diener) mit einer Art Dreschflegel in der Hand. An diesen Dreschflegeln waren aufgepumpte Blasen befestigt, in denen sich, wie man mir später erzählte, getrocknete Erbsen oder Kiesel befanden. Diese Blasen schlugen sie dann und wann den Nächststehenden auf den Mund oder um die Ohren; eine Sitte, deren Sinn mir im Anfang nicht einleuchten wollte. Später ging er mir auf: diese Leute sind dermaßen in philosophische Spekulationen versunken, daß sie weder reden noch zuhören können, ohne daß sie ständig durch solche Schläge an die äußere Welt erinnert werden.«

»Prof. M. rief bei seiner Frau zu Hause an
Und sagte, daß er am Abend nicht kommen kann,
Weil – so die Erläuterung – er in dreierlei
Hinsicht, 1. dringend, 2. dienstlich, 3. verhindert sei,
Und meinte, befragt, welchen Dienst er versehe,
Daß er im Dienste der Wahrheit stehe,
Doch diese Wahrheit (das schien ihm das Vertrackte,
Das heißt, er merkte, wie sein Gleichnis hinkte)
War zwar eine nackte,
Aber keine ungeschminkte.«

Ferner erkannte eine Darstellerin der nackten Wahrheit, die es eigentlich – jedenfalls professionell – wissen müßte, Raquel Welsh: »Auch der Geist kann eine erogene Zone sein.« Müssen die Philosophen also ihr erotisches Licht unter den Scheffel stellen, wenn sie es seit je mit dem erotetischen und eristischen nicht taten? Meinte doch auch Bataille, die Philosophie könne nicht wie die Erotik als ekstatische Selbsttranszendenz und Brechen von Tabus das Universum der Sprache übersteigen, auf sie folge »niemals das Schweigen ... – so daß der höchste Augenblick notwendigerweise die philosophische Fragestellung überragt«. Philosophen enden eben immer beim Wort, wenn sie nicht gar das letzte Wort haben müssen. Ekstatisches kann nur durch*lebt* werden, wie das Mystische sich Wittgenstein zufolge nur *zeigen* kann. »Die reine Philosophie pflegt (man kann es nicht vermeiden) noch immer unvermerkt der Liebe mit der – unreinen. Und so wird es gehen bis an das Ende der Zeit« (Lichtenberg).
Nach David Hume, dem heiteren Skeptiker und praxiszugewandten Gewohnheitstheoretiker des Jahrhunderts der Aufklärung (»so ist Gewohnheit die große Führerin im Menschenleben«), verjagen »die Gefühle unseres Herzens, die Erregung unserer Leidenschaften, die Heftigkeit unserer Gemütsbewegungen« alle philosophischen Schlußfolge-

rungen »und machen aus einem tiefgründigen Philosophen einen ganz gewöhnlichen Menschen«: Die Natur wird immer ihre Rechte zu wahren wissen und schließlich über jedes abstrakte Denken den Sieg davontragen. Natur sei Dank! »Darum der Weise: Er wirkt für den Bauch, nicht wirkt er fürs Auge«, wußte schon Laotse, der chinesische Urweise, der am Ende seines Lebens auf einem Büffel ins Gebirge ritt, um in Einsamkeit zu sterben.
Man lese unbedingt Bert Brechts Gedicht »Legende von der Entstehung des Buches Taoteking auf dem Weg des Laotse in die Emigration« – das wohl abgeklärteste Philosophen-Gedicht der Weltliteratur:

Als er Siebzig war und war gebrechlich
Drängte es den Lehrer doch nach Ruh
Denn die Güte war im Lande wieder einmal schwächlich
Und die Bosheit nahm an Kräften wieder einmal zu.
Und er gürtete den Schuh.

Und er packte ein, was er so brauchte:
Wenig. Doch es wurde dies und das.
So die Pfeife, die er immer abends rauchte
Und das Büchlein, das er immer las.
Weißbrot nach dem Augenmaß.

Freute sich des Tals noch einmal und vergaß es
Als er ins Gebirg den Weg einschlug.
Und sein Ochse freute sich des frischen Grases
Kauend, während er den Alten trug.
Denn dem ging es schnell genug.

Doch am vierten Tag im Felsgesteine
Hat ein Zöllner ihm den Weg verwehrt:
»Kostbarkeiten zu verzollen?« – »Keine.«

Und der Knabe, der den Ochsen führte, sprach:
»Er hat gelehrt.«
Und so war auch das erklärt.

Doch der Mann in einer heitren Regung
Fragte noch: »Hat er was rausgekriegt?«
Sprach der Knabe: »Daß das weiche Wasser in Bewegung
Mit der Zeit den mächtigen Stein besiegt.
Du verstehst, das Harte unterliegt.«

Daß er nicht das letzte Tageslicht verlöre
Trieb der Knabe nun den Ochsen an
Und die drei verschwanden schon um eine schwarze Föhre
Da kam plötzlich Fahrt in unsern Mann
Und er schrie: »He, du! Halt an!

Was ist das mit diesem Wasser, Alter?«
Hielt der Alte: »Intressiert es dich?«
Sprach der Mann: »Ich bin nur Zollverwalter
Doch wer wen besiegt, das intressiert auch mich.
Wenn du's weißt, dann sprich!

Schreib mir's auf! Diktier es diesem Kinde!
So was nimmt man doch nicht mit sich fort.
Da gibt's doch Papier bei uns und Tinte
Und ein Nachtmahl gibt es auch: ich wohne dort.
Nun, ist das ein Wort?«

Über seine Schulter sah der Alte
Auf den Mann: Flickjoppe. Keine Schuh.
Und die Stirne eine einzige Falte.
Ach, kein Sieger trat da auf ihn zu.
Und er murmelte: »Auch du?«

Eine höfliche Bitte abzuschlagen
War der Alte, wie es schien, zu alt.
Denn er sagte laut: »Die etwas fragen
Die verdienen Antwort.« Sprach der Knabe:
»Es wird auch schon kalt.«
»Gut, ein kleiner Aufenthalt.«

Und von seinem Ochsen stieg der Weise
Sieben Tage schrieben sie zu zweit
Und der Zöllner brachte Essen (und er fluchte nur noch leise
Mit den Schmugglern in der ganzen Zeit).
Und dann war's soweit.

Und dem Zöllner händigte der Knabe
Eines Morgens einundachtzig Sprüche ein.
Und mit Dank für eine kleine Reisegabe
Bogen sie um jene Föhre ins Gestein.
Sagt jetzt: kann man höflicher sein?

Aber rühmen wir nicht nur den Weisen
Dessen Name auf dem Buche prangt!
Denn man muß dem Weisen seine Weisheit erst entreißen.
Darum sei der Zöllner auch bedankt:
Er hat sie ihm abverlangt.

Leben und Sterbenlernen

Schon in der antiken Tradition galt das Bemühen, das Leben zu verstehen, als Philosophie, als eine oder gar die wesentliche Aufgabe des Philosophen. Doch selbst Murphys Gesetzesammlung verzeichnet als »Kierkegaards Beobachtung«: »Man versteht das Leben nur rückwärts, aber leben muß man es vorwärts!« Noch heute beginnt De Crescenzo seine humorvolle Philosophiegeschichte mit dem Satz an den Leser und den neapolitanischen Vize-Ersatz-Portier Salvatore: »Du bist ein Philosoph und weißt es nicht. Du bist ein Philosoph, weil Du die Probleme des Lebens auf ganz persönliche Art angehst.«

Freilich – und das widerspricht dem Gesagten nicht – darf man nach Peter Bamm »vermuten, daß im Lauf der Geschichte die Träume der jungen Mädchen einen größeren Einfluß auf die Entwicklung des menschlichen Geschlechts ausgeübt haben als alle Systeme der Philosophie«. Doch auch dies ist natürlich immer im Zusammenhang zu sehen mit der Tatsache, daß das Leben endlich ist. Schon Platon, der größte aller Philosophen (nach Whitehead besteht die ganze abendländische Philosophie nur aus einigen Fußnoten zu Platon!), meinte mit seinem Lehrer Sokrates, der diese Einsicht im Ernstfall zu bewähren hatte: »Philosophieren heißt eigentlich sterben lernen.« (Viel später schreibt dies auch Montaigne.) »Schlecht wird leben, wer nicht versteht, gut zu sterben«, verallgemeinert stoisch Seneca. Er fährt fort: »Daher ist jeder Tag so einzurichten, als würde er die Reihe der Tage beschließen und das Leben vollenden und erfüllen.« Nach Epikur ist der Tod »für uns ein Nichts: Solange wir da sind, ist er nicht da, und wenn er da ist, sind wir nicht mehr.« So einfach ist das also!

Authentischer mag der hundertjährige Philosoph de Fontenelle – vielleicht der Philosoph, der das höchste Lebensalter erreichte – geantwortet haben, als er auf seinem Sterbelager auf die Frage eines philosophisch interessierten Anwesenden: »Was fühlen Sie nun?«, erwiderte: »Die Schwierigkeit, zu sein ...« Huisman, Autor von *La Philo* (deutsch als *Philosophie für Einsteiger*), möchte Fontenelle dafür sogar eine philosophische Trophäe zusprechen.

Marc Aurel forderte später sogar: »All dein Tun und Denken sei so beschaffen, als solltest du möglicherweise im Augenblick aus diesem Leben scheiden.« Diese stoische

Verschärfung des Lebens sub specie aeternitatis läßt sich nicht verschärfen – sie gerät geradezu zum Paradox. Seneca erwähnt einen römischen Statthalter in Syrien, der sich jeden Abend symbolisch zu Grabe tragen ließ, und empfiehlt, als Nachtspruch heiteren Gemüts Vergil zu deklamieren: »Ich hab gelebt und den Lauf, den das Schicksal gegeben, vollendet.«

Ibn Roschd, bei uns eher als Averroes bekannt, einer der größten »workaholics« und Philosophen des Mittelalters (er nahm nur drei Tage seines Erwachsenenlebens arbeitsfrei: am Todestag seines Vaters, am Hochzeitstag und am eigenen Todestag), wurde zur Bestattung in seine Geburtsstadt Córdoba überführt. Zu der sehr feierlichen Beerdigung war, wie der große Mystiker Ibn Arabi von Murcia berichtete, ein Maultier auf der einen Seite mit dem Leichnam beladen: Dieser wurde auf der anderen Flanke durch seine Bücher aufgewogen. Immerhin: Averroes soll 127 Werke, sicher aber 84 verfaßt haben. Nun waren Bücher damals schwerer, handkopierte Folianten. (Mit leichtem Taschenbuchgepäck von heute ließe sich ein Autor schwerlich aufwiegen.) Doch welch ein symbolträchtiges Abtreten! (Ich wüßte gern, ob die Bände mit Ibn Roschd begraben wurden ...)

In Hamburg wurde – wie ein repräsentatives Lokalblatt ankündigte – Hölderlins »Der Tod des M. P. Dokles« in neuartiger Inszenierung aufgeführt. Es muß eine *sehr* neuartige Inszenierung gewesen sein. In der Berichtigung hieß es dann: »Tod dem Empedokles«. Da liest man doch lieber die eher traditionelle Abwandlung der Legende vom Ende des Empedokles, der sich in den Ätnakrater gestürzt haben soll, in Bert Brechts Gedicht »Der Schuh des Empedokles«.

Auch nach Empedokles war der bewußt gesuchte eigene Tod, der Freitod – üblicherweise despektierlich »Selbstmord« genannt –, immer ein Hauptpunkt philosophischer

»3-2-1 Philosophieren Sie!« (Auf einem Weltkongreß für Philosophie) L. Stepelevich

Debatten – sozusagen ein Longseller der Philosophie: Schon in der Antike hatten unter anderen Hegesias, ein Kyrenaiker, den man auch »Peisithanatos«, den »zum Tode Ratenden«, nannte, und Diodoros Kronos aus Jasaia sich ebenso wie Seneca bewußt selbst den Tod gegeben. Letzterer wurde bekanntlich vom Tyrannen Nero unter Verschwörungsverdacht dazu gedrängt. Diodoros jedoch sollte vor dem König Ptolemaios Soter dialektische Aufgaben lösen – also sozusagen Philosophie auf der Bühne betreiben: »Da er dies aber nicht gleich im Augenblick vermochte, ward der König ungnädig gestimmt, ja, nannte ihn sogar spottend Kronos (d. i. Dümmling), da verließ er (der Philosoph) die Tafel, schrieb eine Abhandlung über die vorgelegte Frage und gab sich aus Unmut selbst den Tod«, wie Diogenes Laërtius uns berichtet. Man ahnt, welchem Streß Philosophen auch auf der heutigen Weltbühne, der Mattscheibe, ausgesetzt sind, wenn sie vor dem heutigen Volkssouverän coram publico philosophieren müssen.

Novalis meinte sogar: »Der wahre philosophische Akt ist der Selbstmord.« Und Albert Camus, der in Philosophie promovierte existentialistische Schriftsteller: »Es gibt nur ein wirklich ernstes philosophisches Problem: Das ist der Selbstmord.« Die Verteidigung des Freitodes für den Fall, daß das Leben ein sinnloses Leiden geworden ist, war auch das Thema des letzten Büchleins des philosophischen Anthropologen Wilhelm Kamlah (*Meditatio mortis,* posthum), nach dessen Abfassung der Autor mit mutiger Konsequenz den »wahren philosophischen Akt« unternahm.
Wieso soll der Philosoph sterben lernen? Das hängt zusammen mit der Platonischen Überzeugung, es gäbe zwei völlig verschiedene Welten, nämlich einmal die Welt des Wirklichen, die für Platon aber die Scheinwelt ist, und die eigentliche Welt des Geistes, der Ideen, wie er sie nennt, die ewig sind, die alles übergreifen und an denen das Irdische nur reflexhaft, nur abkünftig teilhat, deren mehr oder meist minder unvollkommener und unreiner Abglanz das Irdische ist.

Ewig fremd in der Welt

Der Philosoph ist darauf ausgerichtet, über das bloß Alltägliche, über das Leben des Alltags hinauszudenken, er ist orientiert an den ewigen Dingen, am Allgemeingültigen, das für alle Menschen als wahr einsichtig wird, wenn sie nachdenken. (Doch wieso ist gerade dieses das Ewigdauernde?) Der Philosoph sieht, so meint Platon jedenfalls, von seinen individuellen Interessen weitgehend ab und versucht, allgemeingültig, repräsentativ für alle Menschen, ja für alle vernünftigen Wesen zu denken. Deshalb glaubt und fordert Platon, der Philosoph richte sich ausschließlich auf die Ideen aus, bleibe letztlich immer ein Fremder in der Welt, der in dieser etwas ungeschickt für praktische Dinge, ja, lächerlich wirkt. Man denke an die Anekdote über Thales, der, als er wandelnd die Sterne beguckte, in eine Jauchegrube gefallen und von einer thrakischen Magd ausgelacht worden sein soll. Eine Situation, die natürlich symbolisch sein kann für denjenigen, der (zu)viel denkt, der eben nicht »von dieser Welt« (der Macher oder Möchtegern-Macher) ist. »Bei wachender Gelehrsamkeit und schlafendem Menschen-Verstand ausgeheckt«?: »Der Mann hatte so viel Verstand, daß er zu fast nichts in der Welt zu brauchen war« (Lichtenberg). Epiktet, stoischer Ex-Sklave, warnt, wer nach Weisheit strebe, müsse damit rechnen, verspottet zu werden – etwa so: »Da ist uns ja plötzlich ein Philosoph entstanden! ... Woher kommt denn diese gefurchte Stirne?« »Laß du nur das Stirnefurchen ... Begnüge dich, Philosoph zu *sein*« – und nicht als solcher bloß zu gelten. »Du mußt entweder deine innere Anlage ..., dein Eigenleben oder dein Weltleben kunstvoll formen: ›entweder Philosoph oder Idiot‹[25] ...« – das ist hier die Frage.

Bertrand Russell, der gelassene Analytiker, der sich in seinem nun gerade fünfzig Jahre alten Nachruf zu Lebzeiten ironisch selbst »Mangel an geistiger Tiefe und Überlegungen, die über die bloße Logik hinausgehen«, attestierte und andernorts schrieb, er habe mit dem Studium der Logik begonnen, als er für die Mathematik zu dumm geworden sei, mit der Philosophie, als er für die Logik zu begriffsstutzig, mit sozialen und moralischen Fragen, als er nicht mehr tiefsinnig und ausgeglichen genug – auch aufgrund »seiner exzentrischen Haltung während des Ersten Weltkrieges« –, schließlich mit dem Schreiben von Kriminalromanen und politischen Stellungnahmen, als er für all die anderen Bereiche zu alt geworden sei – dieser Bertrand Russell sah als scharfsinniger Beobachter auch die unbewußten Übertragungen und Projektionen, die der Beobachter auf seine Gegenstände überträgt. Er formulierte es für die Tierpsychologen – doch wollen nicht auch immer die Philosophen die besseren Psychologen ihrer eigenen Art sein, und sind nicht Philosophen auch sonderbare Tiere? Russell jedenfalls beobachtete, die großen und die kleinen untersuchten Tiere »zeigten alle nationalen Charaktereigenschaften des Beobachters: Die von Amerikanern untersuchten Tiere rennen ruhelos umher, geschaftelhubern und aktivieren unglaubliche Energien, um endlich das erstrebte Resultat bloß per Zufall zu gewinnen. Die von den Deutschen analysierten Tiere sitzen ganz ruhig da und denken, um dann die Auflösung der tiefen Fragen aus ihrer eigeninnersten Tiefe hervorzuzaubern.« Russell, unübertrefflicher Selbstironie fähig, muß das sicherlich auch auf die Philosophen als Subjekte und Objekte der Analyse gemünzt haben. Selbstironie ist aber nicht nur auf die eigene Art zu beziehen, sondern auch auf das Selbst als Person – obwohl die Zunft der Allgemeinheits- und Abstraktheitsfanatiker diese Konkretisierung notorisch, ja, per definitionem zu mißachten scheint. Russell war dieser Regung fähig – und vielleicht deshalb selbsteingestandenermaßen kein tiefer Philosoph! Wo bleibt er selbst als sonderbares Tier, als britischer Löwe der Logik und Gelassenheit? »Die Engländer«, meinte er, »zeichnen sich unter den Völkern des modernen Europa durch ihre hervorragenden Philosophen und ihre Verachtung für die Philosophie aus. Beides ist ein Zeichen für ihre Intelligenz. Mißachtung der Philosophie wird jedoch – sofern man sie zum System entwickelt – wiederum selbst zur Philosophie . . .« Ironisches Selbstunderstatement, philosophisch gewürzt und witzig präsentiert, von Logizität und Liberalität durchsäuert, der Erfahrungspraxis und sozialen Problemen zugewandt, mit Engagement und vor allem Zivilcourage (wo gibt es das noch bei Philosophen?) verrührt – und dies in Personalunion! Ein Unikum im Ökosystem philosophischer Tiere? Letztes Exemplar einer aussterbenden Art? Russell schließt seinen

Nachruf, den er bewußt voreilig 1937 als Fünfundsechzigjähriger veröffentlichte und auf sein »Verspätetes Hinscheiden« 1962 terminierte (er starb übrigens achtundneunzigjährig 1970, hätte also fast Fontenelle erreicht! Jedenfalls überlebte er seine Vorausschätzung zäh und selbstironisierend um gute acht Jahre [nicht nur Selbstkritik, Selbstironie hat viel für sich: Vielleicht ist dennoch Hoffnung für unsereinen im Busch – wenn nicht nur im Wilhelm Busch]) entgegen dem Satze Russells über Russell: »Er war der letzte Überlebende einer versunkenen Epoche.«

Das Fremdsein gegenüber dem Alltagsleben braucht aber an sich nicht lächerlich zu wirken. Es kann auch als das Ganz-Andere Bewunderung auslösen, alternativ und repräsentativ sein, kann als Werbung oder Alibi ausgenutzt werden: Einem deutschen Philosophen, der, zu einer New Yorker Bankertagung geladen, fragte, ob er dort nicht am falschen Platze sei, soll bedeutet worden sein: »You are here for representing the values.« Der Philosoph ist eben ein Theoretiker. »Ein Theoretiker ist ein Mensch, der praktisch nur denkt« (*Süddeutsche Zeitung*) – im Unterschied zum Praktiker, »einem Menschen, der nur praktisch denkt«. Doch hatten auch große Philosophen ein Verhältnis zum praktischen Lebensbedarf. Irgendwo las ich: »Man bot kürzlich für ein 13-Zeilen-Manuskript des Philosophen Immanuel Kant 9500 Mark.« Zu dessen Lebzeiten honorierte ihm Hartknoch in Riga seine Hauptwerke *Kritik der reinen Vernunft* und *Kritik der praktischen Vernunft* mit 220 bzw. 700 Talern. »Dazu gab es – Muse verhülle dein Haupt – 16 Göttinger Würste und 2 Pfund Schnupftabak als Zugabe.« Es muß ja nicht *immer* (wenn auch meist) sich das Wort von der philosophischen Kirchenmaus bewahrheiten, wie es schon im 14. Jahrhundert von dem Politiker und Poeten Geoffrey Chaucer kolportiert wurde: »But al be that he was a philosophre. Yet hadde he but litel gold in cofre.« »Bist arm und bloß, Philosophie, so sagt der auf verächtlichen Gewinn bedachte Pöbel« (»Povara e nuda vai, filosofia«), erkannte schon Petrarca. Philosophie – Trost der Armen? Der Armen an Macht und »Vermögen« (Verräterisches Wort! An Finanz-, nicht Denkvermögen.)? Andererseits galt gegenüber der notorischen Weltfremdheit die Schärfe der Vernunft, die Durchdringungskraft des Geistes in der Antike schon als Signum der Philosophen. So glaubte man, man könne gleichsam mit den Augen des Geistes etwa die Welt der Ideen (das Wort ›Ideen‹ stammt vom griechischen ›idein‹ = ›sehen‹ her) schauen, man könne sozusagen im Geistigen, im Abstrakten erkennen, sehen, ähnlich wie wir auf der Erde Gegenstände sinnlich wahrnehmen können. Der Soziologe Peter Atteslander schrieb in einem Methodenbuch der Sozialforschung: »Wir glauben nur, was wir sehen – leider sehen wir nur, was wir glauben wollen.« Dies könnte man auch für die Ideenschau, das Denken der Philosophen abwandeln und hätte eine tiefgreifende philosophisch-ideologiekritische Erkenntnis, wenigstens aber eine ständige mahnende Erinnerung oder eine fruchtbare Forschungsfrage gewonnen. (Freilich warnte Lichtenberg: »Philosophieren können sie alle, sehen keiner.«) Wir erblicken, meinte man, natürlich im Bereich des Geistes auch die Vernunftideen, die Vernunft selber mit der Vernunft. Aristoteles sah in der Vernunft der Vernunft, im Denken des Denkens gar den *Gott* – professionszünftig!

Striptease der Vernunft

»Von Vernunft ist die Wurzel Vernehmen, das nur sich selbst vernimmt. Oder: die reine Vernunft vernimmt nur sich«, erkannte der Philosoph Jacobi, der es immerhin nach stetem Umgang mit ihr wissen müßte. Philosophie als

Selbstdarstellung, Klarlegung, Selbstentblößung der Vernunft. Philosophie – Striptease der Vernunft? Vernunft gleichsam das Spezialorgan der Philosophen, der berufenen Gralshüter der Vernunft, Vernunft – zugleich auch Gegenstand und Schürfgebiet der Philosophie? Ist Philosophie im Grunde gar so etwas wie eine menschliche Hybris der »Vernunft der Vernunft« (Aristoteles), die geheimnisvolle Erfindung der Philosophen, die sie allen Gebildeten unter ihren Nichtverächtern aufschwätzen konnten? (Der amerikanische Philosoph Richard Rorty meint das. Er hält sogar das Geistige und Psychische, das »Mentale«, für eine Fiktion philosophischer Bemühungen.) Philosophen also als Wünschelrutengänger des Geistes, Geistesseher oder gar Geisteszauberer?

Geistesverzauberer waren sie zweifellos. »Die Philosophie«, sagt Victor Hugo, »ist das Mikroskop des Denkens.« Sie liefert die verfeinerte Instrumentierung, die es erst erlaubt, in das Feinste und das Kleinste detaillierend, analysierend, zerlegend hineinzublicken. Doch andererseits könnte man auch sagen, Philosophie sei das Teleskop des Denkens; denn man versucht mit ihrer Hilfe – besonders auch in der Kantischen Philosophie der Vernunft – über das Beschränkte, das Endliche hinauszudenken, gleichsam ins Unbegrenzte, ins Unendliche. Auch das ist eine traditionelle Aufgabe der Philosophie.

Zu Kants einschränkender und übersteigender Vernunftphilosophie dichtete Weischedel:

> »Doch wenn auch Kant das Denken sehr beschränkt,
> er kann nicht hindern, daß es weiter denkt.
> Es will sich nicht im Endlichen begnügen.
> Und kann der Mensch dies auch nicht überfliegen,
> so ahnt er doch in der Vernunft die Stelle,
> an der das Unbedingte sich erhelle.
> Er findet sie im sittlichen Gebot;
> denn dies zu achten ist dem Menschen not.«

Bopp ergänzt zu Kant:

»Was man nicht begründen kann,
das setzt man a priori an.«

Einerseits bildet die Philosophie im übertragenen Sinne das kleinste, verfeinertste analytische Instrument der Präzision, das Mikroskop, aus, andererseits das Teleskop, welches nahezu unendliche Bereiche überblicken kann. Philosophie ist also gleichsam für das ganz Kleine *und* das ganz Große im Reiche des Geistes gefordert. Der Philosoph ist geradezu der Spezialist für das Allgemeine *und* für logische Feinstheiten. Philosophie scheint sozusagen als Gummilinse der Seinsschau zu funktionieren, die man je nach Gegenstand einstellen kann, leistet sozusagen einen Zoom des Seins. Was bewirkt Vernunft angesichts des Zooms des Seins?

Kritik der kleinen Vernunft

Makrovernunft und Mikrovernunft – getreulich vereint? Gibt es Typen der Vernunft, die laut Grillparzer »nur der durch die Phantasie erweiterte Verstand« ist? Wirklich? Wo bleibt die Weisheit und die Architektonik der Vernunft? Nach Kant übersteigen sie die Strenge und Beschränktheit des Verstandes um mehr als Phantasie. »Aber gerade mit dem Vernunftprinzip muß gebrochen werden«, schrieb der Dadaist Hugo Ball schon 1914: »aus Gründen einer höheren Vernunft.«[26] Er gibt Kant die Schuld an der Herrschaft des Vernunftprinzips: »Kant – das ist der Erzfeind, auf den alles zurückgeht!« Doch ist der erste Papst der Großvernunft nicht Platon mit seiner Lehre von der Wirklichkeit und Weltherrschaft der Ideen? Wider die Großvernunft als aufoktroyiertes Gesetzesprinzip! Im Namen einer höheren Vernunft?: ein Paradox, Liberalisierung oder Bedeutungswandel der Vernunft in Richtung einer selbstbeschlossenen, doch allgemeingültigen Anerkennung der Gerechtigkeit, der Rechte anderer und der Kommunikation mit ihnen (à la Habermas)? Das Paradox ist nicht so widersinnig, wie es scheint. »Die grübelnde Vernunft dringt sich in alles ein« (Lessing) – ins Große wie ins Kleine. Auch die Vernunft befolgt Gelegenheit, nimmt Okkasion und Chance. Diese »Gelegenheitsvernunft« (so nennt sie der seit kurzem bei uns philosophierende Spinner: Nomen non est omen – wie viele Philosophen hinsichtlich ihrer Lehre, ist auch er eine lebende Widerlegung seines Namens) ist die Vernunft en miniature, die Vernunft der Lebensweisheit der beherzigten Aphorismen. Eine »Kritik der kleinen Vernunft« tut not. Hat die vielbeschworene Weisheit in der okkasionellen Vernunft ihr Zukunftsziel? Mikrovernunft der Situationen – einzige ökologische Nische der Weisheit – angesichts der großen Unvernunft des Ganzen? Ist das ein postmoderner Widerruf der Grundsatzweisheiten dieses unseres Abendlandes? Fragen, Fragen ... Offene, unvollendete. Der Status nascendi, bleibende Geburtswehen, und die ewige Unvollendetheit scheinen das Schicksal der Philosophie zu sein: dynamischer Zoom des Seins? Nein, des unverbesserlichen(?) Werdens.

Dialektik der Weisheit(sfreunde)

Auch Kant betont die prinzipielle Unvollendetheit der Weisheit: »Philosophie ist«, sagt er, »für den Menschen Bestrebung zur Weisheit, die jederzeit unvollendet ist.« Werden Philosophie und Philosophen also niemals *reif*? (»Reif ist, wer auf sich selbst nicht mehr hereinfällt«, erkannte Heimito von Doderer. Und welcher Philosoph ist schon so weit?) Kant jedoch sagt zugleich auch: »Philosophie ist die Idee einer vollkommenen Weisheit, die uns die letzten Zwecke der menschlichen Vernunft zeigt.« Also unvollendbar einerseits, stets unvollendet, aber die Idee der Vollendung der Weisheit: die Erkenntnis der Gründe ist

Die Weisheit auf dem Katheder.

Wilhelm Busch

immer angestrebt. Nach Horowitz' Regel (einem Korollar zu Murphys Gesetz) besteht »Weisheit ... darin, zur richtigen Zeit auf Vollkommenheit zu verzichten«. »Wenn man aus den platonischen Dialogen (und der sokratischen Methode) etwas lernen muß, dann dies. Weisheit ist begreifen, daß man nicht weiß, ob etwas schwarz oder weiß ist«, resümierte vieldeutig Umberto Eco. Schwarzweißmalerei? Lebenskonkreter, lebenskonformer erkannte Peter Bamm: »Die meisten Menschen legen denn auch ihr Leben so an, daß sie zum Schluß weise genug sind, einzusehen, daß alles richtig gewesen wäre, wenn sie alles anders gemacht hätten. Die Weisheit lebt sozusagen im Konjunktiv Plusquamperfecti.« Die Philosophen freilich nicht: Da es im Deutschen keinen Optativ gibt, leben die optimistischen im vollendeten Futur, die pessimistischen im verneinten Konjunktiv irrealis.

Nomen est omen! Philosophie, die Liebe zur, die Freundschaft mit der Weisheit – so führte einst Pythagoras den Gattungsnamen »Philosophen« als der Liebhaber der Weisheit ein (nach Cicero, Tusc. Disp. V, 9). Philosophie ist nicht nur freundschaftlicher, sondern, so sagte Dante, ein »liebevoller Umgang mit der Weisheit«, auch heute hoffentlich kein noch so liebevoller Untergang der Weisheit, kein Sich-selber-Auffressen[27], keine weisheitsliebende Selbstaufgabe der Weisheitsgewißheit, wenn wir an die erwähnte ewig unvollendete Aufgabe denken. Weisheit ist eine Einstellung, die zwar Engagement erheischt, – doch auch Selbstbezähmung, Selbsterkenntnis, Selbstbescheidung. »Weisheit besteht oft darin, Öl auf die Wogen der Wahrheit zu gießen«, meinte der deutsche Aphoristiker Hans Kasper (Dietrich Huber). Noch kälter urteilt Wittgenstein: »Die Weisheit ist etwas Kaltes, und insofern Dummes. (Der Glaube dagegen, eine Leidenschaft.) Man könnte auch sagen: Die Weisheit verhehlt Dir nur das Leben. (Die Weisheit ist wie eine kalte, graue Asche, die die Glut verdeckt.)« »Weisheit: die Idee vom gesetzmäßigen vollkommenen Gebrauch der Vernunft« – ist diese Definition Kants passender als Goethes wohlbekannter Vers

> »Das ist der Weisheit letzter Schluß:
> Nur der verdient sich Freiheit wie das Leben,
> Der täglich sie erobern muß«?

Wie dem auch sei, nur in der »Wissenschaft« (kritisch gesucht und methodisch eingeleitet) sieht Kant »die enge Pforte, die zur *Weisheitslehre* führt, wenn unter dieser nicht bloß verstanden wird, was man *tun*, sondern was *Lehrern* zur Richtschnur dienen soll, um den Weg zur Weisheit, den jedermann gehen soll, gut und kenntlich zu bahnen und andere vor Irrwegen zu sichern: eine Wissenschaft, deren Aufbewahrerin jederzeit die Philosophie bleiben muß.« »Management by wisdom« – diese Strategie wird heute von einer verbreiteten Manager*philosophie* (!) allerdings als »mittelalterliche, heute nicht mehr angewandte Führungsmethode« bezeichnet. »Der Weisheit erster Schritt ist, alles anzuklagen, der letzte: sich mit allem zu vertragen« (Lichtenberg). Und: »Die schönste Weisheit ist: nicht gar zu weise sein« (Angelus Silesius).

Immerhin ist die Sache tröstlich: Der Logiker Raymond Smullyan hat in seinem neuesten Buch *Spottdrosseln und Metavögel* eine ganze Theorie der weisen Vögel als Teil der kombinatorischen Logik aufgestellt und gezeigt, daß solche angeblich zuerst in Delphi aufgetretenen sogenannten Orakelvögel, die für jeden Vogel wissen, wen dieser liebt, im Vogelwald unter bestimmten Bedingungen wirklich existieren müssen. Es gibt also weise Vögel – und die einiger Logiker, die sich mit Fixpunktkombinatoren auskennen, gehören dazu. Diese vogelfreie Logik des Zauberers Smullyan, der wirklich vor seiner Professur für mathematische Logik die Zauberei professionell betrieb, ist heute von eminenter Wichtigkeit für die Struktur und Entwicklung von Computerprogrammen.

Musealität und Management

In seinem provokativen Buch *Mythos Philosophie* (1976) meint der Journalist Hochkeppel, Philosophie sei sozusagen nichts anderes als die Musealisierung ihrer selbst. Sie trete nur noch »als ihr eigenes Surrogat oder Substitut« auf, sie verstehe sich ferner nur noch als Museumsbewahrerin der Glanzstücke ihrer eigenen, immerhin recht eindrucksvollen Geschichte, sie habe aber eigentlich zur Diskussion der Gegenwartsprobleme nichts mehr beizutragen; diese führten jetzt die Wissenschaften. So, wie es ein amerikanischer Philosoph, McKeon, ausdrückte: »The new priests come from the lab.« Zwar ist auch dies eine überpointierte Bemerkung, die leicht kritisiert werden kann, insbesondere wenn man zeigt, daß von der Laboratoriumswissenschaft und in der ihr zugrundeliegenden Konzeption selbst untergründig eine ganze Menge von philosophischen Vorentscheidungen übernommen worden sind.

Und haben wir nicht sogar bei jedem potenten Manager eine Unternehmens- und Management*philosophie*[28] – so wie es heute auch eine Nato*philosophie*, eine Kernreaktorsicherheits*philosophie*, eine Verkaufsaktions*philosophie*, eine Verteidigungs*philosophie* des Staates usw. gibt? Bei CIM (Computer Integrated Manufacturing) redet man neuerdings von einer Philosophie der Integration. »There are more things between heaven and earth than are dreamt of in your philosophy« (Shakespeare). There are more things even in philosophy than are dreamt of by philosophers indeed – by professional philosophers in particular.

Hochschulphilosophie also nur noch als Weisheitsaufbewahrungsanstalt, Archiv- und »Museumsverwaltung« ihrer eigenen Geschichte, deren Aufgabe Hochkeppel nur noch darin sieht, einen »Rückblick auf zwei- oder dreitausend Jahre blendender Versuche und Irrtümer« zu geben, die aber im Zeitalter der Wissenschaften allesamt überholt seien? Philosophie nur noch als intellektuelle Kindheits- oder Pubertätserinnerung, als Raritätenkabinett altertümlicher, als mehr oder minder verstaubte Ausstellungsstücke ohne sich noch rührendes Leben, wobei den großen klassischen Denkern nur die Nische der Dinosaurier des längst ausgestorbenen Geistes verbleibt – das ist denn doch eine gar zu karikierende Charakteristik der gegenwärtigen und künftigen Philosophie. Also alles bloß Journaille? Das öffentliche Image der Philosophie war letzthin weitgehend so. Und sie selber ist nicht schuldlos daran. Zu eremitenhaft, zu vermeintlich vornehm hatte sie sich in Villenviertel des Geistes und ihrer eigenen Geschichte oder auf formallogische Artistikübungen zurückgezogen, Glasperlenspiele der Terminologie gespielt, sich den alltäglichen Lebensproblemen entfremdet. Doch ist sie deshalb nach Ferry und Renaud nicht notwendig zur Musealität verdammt: »Ihrem Wesen nach Eule der Minerva, ist die Philosophie deswegen noch lange nicht dazu verdammt, Karikatur ihrer selbst zu werden und die Rolle jenes alten Vogels zu spielen, der zum Ausstopfen bestimmt ist.«

Der Philosoph als Brainworker und Ethik als Wachstumsindustrie

In der Diskussion um neue Technologien und Systemtechnik werden zur Zeit Generalisten, die »eine treibende Kraft in künftigen technologieorientierten Informationsgesellschaften darstellen«, als »Brainworker« bezeichnet und mehr und mehr benötigt. Nach einer Studie des Batelle-Instituts zeigten Interviews, daß der »Brainworker« als »Pionier«-Denker aufgefaßt wird. Das Comeback der Philosophen in die supertechnische Industriegesellschaft scheint sich abzuzeichnen. Der Philosoph als Brainworker par excellence? Er ist freilich nicht »der FuE-Karrieretyp«, aber vielleicht »der universale Entwicklungstyp« – also ein Brainworker zweiter Art. Hoffen wir, daß er die Erwartungen und Ansprüche mit einer realen »Total Quality«-Philosophie einlösen kann (*VDI-Nachrichten*, 13.2.87). Nach der Ausbreitung der Technologie-Parks – das ist schon gar nicht mehr sehr originell – erwarten wir nunmehr die Einrichtung von Philosophie-Parks, um innovativ der Menschheit auf die geistig-ethischen Sprünge zu helfen!

Selbst die Wirtschaftszeitung *The Economist* (26. 4. 86) hält die praxisnähere Philosophie für chancenreich in Wirtschaft und Industrie. 11% der US-amerikanischen Doktoren im Fach Philosophie bekamen 1983 dort Jobs (Geisteswissenschaftler generell nur 9%). »The world's oddest academic subject«, die Philosophie, erzieht zum analytischen Denken. Die »fanatisch argumentativen« Philosophiestudenten schneiden bei Aufnahmeprüfungen zu wirtschaftswissenschaftlichen Studiengängen besser ab als andere (außer Mathematikstudenten). »Ethik – besonders medizinische Ethik – wurde eine Wachstumsindustrie«, Philosophen »profitieren von einer Art Luxusgütermarkt in Ethik«.[28a]

Zum deutschen Tiefsinnsargument.
Wilhelm Busch

Das deutsche Tiefsinnsargument

Auch mit ihrer Sprache – zwischen Kalkül und Dunkelheit – isolierte die Philosophie sich unnötig selbst, zum Teil gewollt. Um eine Anekdote einzufügen: Ich hatte einmal Gelegenheit, eine Vorlesung Adornos im Auditorium Maximum der Freien Universität Berlin zu hören. Nachdem ich von dem sehr komplizierten Referat, das wortgetreu verlesen wurde, kaum etwas verstanden hatte, fragte ich einen neben mir sitzenden Studenten, was er von dem Vortrag hielte. Er sagte: »Ausgezeichnet, ganz hervorragend – so hervorragend, daß nicht einmal ich alles verstanden habe.« Seitdem nenne ich diese, meist implizit verwendete, Folgerungsfigur, die dieser Student dankenswert deutlich ausgedrückt hatte, ›das deutsche Tiefsinnsargument‹.
Walter Benjamin soll einmal, berichtet Henscheid, einen Satz gebildet haben, »den selbst Adorno nicht verstehen sollte: ›In dieser reinen Sprache, die nichts mehr meint und nichts mehr ausdrückt, sondern als ausdrucksloses und schöpferisches Wort das in allen Sprachen Gemeinte ist, trifft endlich alle Mitteilung, aller Sinn und alle Intention auf eine Schicht, in der sie zu erlöschen bestimmt sind.‹ Adorno soll erwidert haben: ›Unversöhnlichem Denken ist die Hoffnung auf Versöhnung gesellt, weil der Widerstand des Denkens gegen das bloß Seiende, die gebieterische Freiheit des Subjekts, auch das am Objekt intendiert, was durch dessen Zurüstung zum Objekt diesem verloren ging.‹« Sinn verloren? Jedenfalls tiefscheinend formuliert.
Adorno schätzte ausdrücklich den »Dunklen«, Skoteinos – Hegel. Nicht die Eule der Minerva, die jenem Denker zufolge bekanntlich erst bei Anbruch der Dämmerung[29] ihren Flug beginnt, nicht der gemächlich-majestätisch wandelnde Kaiserpinguin, sondern der Guanovogel ist für Ludwig Uhland offenbar das Wappentier der Philosophen: »Die Vögel

sind all Philosophen, / Ihr oberster Grundsatz gebeut: / Den Leib halt' alle Zeit offen / Und alles andere gedeiht.« Nicht der Glaube versetzt, sondern der Darm setzt Berge: »Sie sehen im rosigen Lichte / Die Zukunft und sprechen in Ruh' / ›Wir bauen im Lauf der Geschichte / Noch den ganzen Ozean zu‹. Und die Anerkennung der Besten / Fehlt ihren Bestrebungen nicht, / Denn fern im schwäbischen Westen / Der Böblinger Rebsbauer spricht: / ›Gott segn' euch, ihr trefflichen Vögel, / An der fernen Guano-Küst' – / Trotz meinem Landsmann, dem Hegel, / Schafft ihr den gediegensten Mist!‹«[30] Dessen Dunkelheit und »Gallimathias« nannte Schopenhauer in unübertrefflich

Robert Gernhardt

polemischen Tiraden eine »philosophische Hanswurstiade«, »die Philosophie des absoluten Unsinns«, »Afterweisheit«, die »skandalöseste philosophische Scharlatanerie« der »glänzendsten Kathederphilosophien, die je Gehalt und Honorar einbrachte«. Philosophasterei solle man nicht mit Philosophie verwechseln.

Als »Afterphilosophen« beschimpfte Schopenhauer[31] das, was man (nach Rehder) »neuerlich meist gräzisiert als Meta-Philosophien bezeichnet«.

Hegel steht auf dem Kopf. Ein Marx-Porträt an der Wand im Hinterzimmer, durch die geöffnete Tür zu inspizieren. Davor bewaffnete Milizen mit roten Armbinden, im Mittel- und Vordergrund namenlose, ausdruckslose Allerweltsfiguren als Lilliput-Clowns mit Dandyhüten und aufgestütztem Kinn: Allerweltsphilosophen? Sind sie die modernen minuti philosophi, die Cicero meinte? Der philosophische Zauberhut steht offen auf dem Boden. Dem Hegel fehlte offenbar ein Auge, das in einem Einschnitte zusammen mit Passagen ausgerechnet der linken Gesichtshälfte ersetzt worden ist. Davor die Krähe der Minerva, die offensichtlich hier die Eule vertritt. Auch zwischen den Dandydenkern harrt sie; hinten fliegt sie schnell von dannen. Dies alles ist auf dem Bild »Die Galerie der Philosophen« von Arwed Gorella von 1974 zu sehen, das im Berliner Gropius-Bau bei einer Ausstellung von Werken aus Berliner Privatgalerien zu sehen war. Als grundstürzende Fragen stellen sich dem sinnenden Betrachter: Wer hat das Sprichwort von den Krähen, die einander nicht die Augen aushacken, nach Meinung des Malers außer Kraft gesetzt? Hackten die Philosophen nicht seit Jahrtausenden meist minder fröhlich aufeinander los? »Een Oje riskier ick«, sagte der Berliner Methylalkoholtrinker in der Nachkriegsmisere. – Wer hat Hegel, den Marx bekanntlich vom Kopf auf die Füße gestellt haben wollte, nun wieder auf den Kopf gestellt?

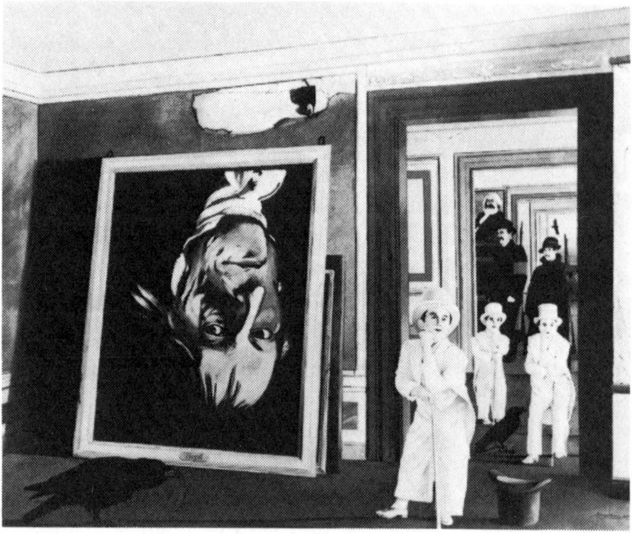

Arwed Gorella, Die Galerie der Philosophen

Hegel erkannte als Gymnasialdirektor in Nürnberg, wo nach Rosenkranz »der spekulative Pegasus aus Not vor den Schulkarren gesperrt« war: »Abstrakt lernt man denken durch abstraktes Denken« (Amtliches Schulgutachten über den Philosophen 1812, berichtet von Henscheid). Quod licet Jovi, licet bovi; also auch mir.

Darf ich selbst etwas Philosophenchinesisch aus dem ersten Entwurf meiner Dissertation erwähnen – saepe etiam peccavi –, als ich noch an die Notwendigkeit des gelehrten Jargons glaubte? So meinte also der Doktorand Hans Lenk formulieren zu müssen: »Die Realisierung einiger Ideen ist a priori konstitutiv der individuellen Apperzeption der korrelierten Konzeptionen adjungiert.« Das heißt zu deutsch: »Einigen Vorstellungen kann man nur genügen, wenn man sie kennt.« Tief ist der Sinn – tiefer noch der Sinn der Sinne. »Die Welt ist tief, / und tiefer als der Tag gedacht. / Tief ist ihr Weh –, / Lust tiefer noch als Herzeleid / . . .«,

sang Nietzsche in seinem »trunkenen Lied« des Zarathustra: »... doch alle Lust will Ewigkeit –, / will tiefe, tiefe Ewigkeit!«
Der Philosoph: berauscht von seiner Erkenntnis? Hatte er über den Wissensdurst vom Met der Metaphysik getrunken? Doch die Tiefentaucher steigen aus der Meeresdunkelheit immer wieder auf zu Licht und Luft, ob sie eine Perle gefunden haben oder nicht. So sollte es auch der Philosophie möglich sein, wieder aus der Dunkelheit in öffentliche Wirksamkeit aufzutauchen. Anzeichen dafür gibt es überall: Die Dringlichkeit moralischer Probleme – etwa im Umgang mit technischen Mitteln – und der Sinnfragen wie auch der notorischen interdisziplinären Forschungsbereiche gestatten auch der Philosophie kein selbstverordnetes Abseitsstehen mehr. Sie hat geradezu eine (teils noch heimliche) Konjunktur. Die Sprache der Philosophen und der Philosophie wird sich diesem öffentlichen Bedarf anpassen müssen. Man sollte auch vom Philosophen sagen können: Weil der Autor klar denkt, hat er es nicht nötig, unklar zu reden oder gar zu schreiben.

Sprachkrämpfe – Sprachkämpfe: Wachhunde der Terminologie

»Philosophien sind Schwimmgürtel, gefügt aus dem Kork der Sprache«, so sagte auch Christian Morgenstern. Man sieht, Wittgenstein hat auch an dieser Stelle einiges von seinem ironisch-heiteren und metaphysisch-melancholischen »Vorgänger« Christian Morgenstern übernommen; für Wittgenstein war Philosophie ja, das ist auch eine seiner berühmtesten Umschreibungen, ein »Kampf gegen die Verhexung unseres Verstandes durch die Mittel unserer Sprache«. In der Tat, nicht nur wenn man die angeführten ironisch-bissigen Bemerkungen genauer besieht, ist Philosophie zum Teil auch eine Art der Verhexung unseres Verstandes durch die Mittel unserer Sprache – der Fachsprache wie der Umgangssprache. Aber der Kampf gegen diese Verhexung ist keineswegs ein unsinniges Spiel im luftleeren Raum. Viele philosophischen Überzeugungen der Vergangenheit haben fortgewirkt in die Alltagswelt von heute und unsere Sprache zutiefst bestimmt, so daß wir gar nicht mehr außerhalb von bestimmten gedanklichen Vorfixierungen denken können. Philosophien sind sozusagen gleichsam in das Gedankengerüst unserer Sprache eingegangen, abgesunkenes, unbewußt wirkendes Kulturgut: Maulwurfsgänge des Geistes und der Hintergrundsvorstellungen, ein Kulturgut also, das gar nicht mehr herauspräpariert, gar nicht mehr ohne Schwierigkeiten ans Licht gehoben werden könnte, stellten wir nicht die philosophische Sprachanalyse in den Dienst dieser Aufgabe! Mit anderen Worten, die Sprache stellt uns Fallen, Sprache richtet uns auf eine bestimmte Deutung des Wirklichen in der Welt ein. Und gegen diese sprachlichen Verzerrungen und Verwerfungen hilft nur ein Mehr an philosophischem sprachkritischem Denken. »Die Philosophen«, meinte der französische Schriftsteller Paul Nizan, »sind nur noch die Wachhunde der Terminologie.« Sie sollten es mehr als bisher sein. Die Philosophie von heute, könnte man ferner sagen – nach einem Wort von Aloys Wenzl –, »ergibt die Weltanschauung von morgen«, »erzeugt die Weltansicht der künftigen Generation«. Mit anderen Worten, philosophische Untersuchungen der Vergangenheit und Gegenwart haben langfristig untergründig erheblichen Einfluß auf spätere Deutungen der Welt, z. B. auf die von Psychologen sogenannten naiven Verhaltenstheorien und Deutungen des menschlichen Lebens. Denken wir etwa an die typischen philosophischen Beispielsfragen. Was heißt Geist? Was heißt Seele? ›Geist‹ und ›Seele‹ sind alte philosophische Ausdrücke, die in die Sprache übernommen worden sind.

Die Frage ist nur, können wir uns bei diesen Worten etwas mehr oder minder Präzises denken – unabhängig von philosophischen Überlegungen und unabhängig von philosophischen Konzeptionen, die gleichsam schon nahezu automatisch in das Konzept unserer Sprache eingebaut sind?

»Man bedenkt nicht, daß Sprechen, ohne Rücksicht von was, eine Philosophie ist. Jeder, der Deutsch spricht, ist ein Volksphilosoph«, vermutet Lichtenberg, »und unsere Universitätsphilosophie besteht in Einschränkungen von jener.«

Die Krankheit, deren Therapie sie ist?

Philosophie ist auch eine Art quasi archäologischer Wissenschaft des in der Sprache vorformulierten oder verborgenen, geistesgeschichtlich vorgeprägten Gedankengutes. Die Philosophie ist daher darauf angewiesen, ihre eigene Geschichte immer wieder zu analysieren, herauszupräparieren und ihren Einfluß auf die Probleme, die heute die Welt bestimmen, sowohl in der Alltagswelt als auch speziell in der wissenschaftlichen Diskussion, fruchtbar zu machen. Philosophie ist auch allgemeine Archäologie und generell Tiefenpsychologie des Geistes. Philosophie muß also stets auch Geschichte der Philosophie betreiben. Sie braucht und sollte dabei nicht, wie der Ironiker und Philosoph Paul Ree sagte, nur »die Geschichte der fehlgeschlagenen Versuche« zu sein, »die Probleme der Philosophie zu lösen«. Das wäre natürlich eine etwas paradoxe Formulierung. Man könnte also ironischerweise fragen: Ist Philosophie nur dazu erfunden, um Probleme, die sie selber erzeugt, wiederum abzuschaffen, zu lösen? Doch: »Ein gelöstes oder sogar lösbares Problem« hört für Paul Valéry »unmittelbar auf, zur Philosophie zu gehören«! Ist Philosophie in Abwandlung des berühmten Wortes von Karl Kraus über die Psychoanalyse sozusagen »die Krankheit, für deren Therapie sie sich hält«? »Der Philosoph behandelt eine Frage; wie eine Krankheit«, meinte ausdrücklich Wittgenstein, glücklicherweise gibt es dafür »Methoden, gleichsam verschiedene Therapien«. Sie seien – so Arthur C. Danto – »Rehabilitationsprogramme für konvaleszente Metaphysiker«. Das bezogen sinngemäß Wittgenstein und er zweifellos auf die Analytische Philosophie. O-Ton Danto: »Sie hatte ihre Hoffnung in eine Art Gespensteraustreibung aus den Welten vergangener Philosophen gesetzt.« Die Hoffnung freilich habe getrogen: Der therapeutische Ansatz sei aufgegeben worden.

Philosophie ist also nicht nur sozusagen »abstrakte Geschichte«, wie der Aphoristiker Hans Lohberger gesagt hat, sondern »ein langes Gespräch mit uns selbst«, »die Erkenntnis inneren Lebens nach außen gebracht«: Selbsttherapiegruppe der »Institution in einem Fall« (Gehlen): des heute generell gefährdeten Individuums? Handelt es sich nun um einen Dialog mit dem Ich oder um eine Auseinandersetzung mit dem impliziten Über-Ich in der Sprache? Philosophie ist jedenfalls ein Versuch der Rechenschaftslegung, bei dem man sich Rechenschaft gibt über die gegenwärtige Verfassung der Welt in allgemeinsten abstrakten Begriffen, welche die entsprechende Sicht der gesamten Welt bezeichnen oder zu charakterisieren versuchen, wobei man sich aber auch eine Übersicht zu erarbeiten sucht über die Traditionen, die zu der Entwicklung solcher Perspektiven geführt haben. Erst mit der Kenntnis dieser Tradition ist kritische Erkenntnis möglich.

Pablos Katze und die Phantasie

Was alles ist nun Philosophie? Um wieder ein bissiges, ironisches Bonmot zu zitieren, das in Physikerkreisen umgeht: »Philosophie – der Versuch, eine schwarze Katze im dunklen Zimmer zu fangen«? (»Theologie«, wird gesagt, sei zwar ebenfalls ein Versuch, eine schwarze Katze in einem dunklen Zimmer zu fangen – jedoch eine Katze, die gar nicht in dem Zimmer ist – und dennoch zu rufen: »Ich hab' sie!« (Pablo Cruz).[31a] Ist also die Philosophie immer noch besser dran?)

Nochmals Christian Morgenstern: »Mir fällt in aller bisherigen Philosophie auf: Sie hat nie recht genug Phantasie. Sie zerbrach nie ihre Begriffe – aus Phantasie.« Stimmt das wirklich? (Kant wurde doch der »Alleszermalmer« genannt, weil er das *Wissen* um transzendente Gegenstände – etwa Gott – aufhob – auch, »um zum Glauben Platz zu bekommen«; zerbrach er keine Begriffe – oder hatte er nicht genug Phantasie?) Die Philosophen seien, meinte Morgenstern, also zu analytisch, zu buchhalterisch, zu wenig revolutionär. Oder ist Philosophie gar, wie Walter Rathenau es über die Moral gesagt hat, »die Phantastik der Phantasielosen«, also sozusagen die Begriffslyrik, die Begriffsdichterei der hinsichtlich ihrer Phantasie zu kurz Gekommenen – derer, die sich auf abstrakte Begriffsanalysen beschränken müssen? Marti klagt: »Als man noch Ideen hatte! Inzwischen ist Ideenmangel zur Norm erklärt worden, Ideenfülle wird als Spekulation verunglimpft, als seriös gilt einzig noch Spekulation mit Wertpapieren und Immobilien. Was Wunder, daß Theologie, daß Philosophie ins Unsternzeichen der grauen Mäuse eingetreten sind.« *Zu wenig Phantasie?* Zu wenig »sublimierte Ausschweifung«, wie Lohberger diese definiert? Derselbe formulierte auch hausbackener: »Phantasie ist erweiterte Vernunft.« Und für Vernunft, »das Gleichgewichtsorgan des Geistes«

(ders.), ist doch der Philosoph seit je zuständig. Freilich sah schon Morgenstern in seinen »Galgenliedern« klar: »Kleine Beispiele von Vernunft änderten noch nie etwas am großen Narreteispiel der Zunft.« Dagegen Spinoza: »Was ist Vernunft? Der Wahnsinn aller. Was ist Wahnsinn? Die Vernunft des einzelnen ... Was nennt ihr Wahrheit? Die Täuschung, die Jahrhunderte alt geworden. Was Täuschung? Die Wahrheit, die nur eine Minute gelebt.« Mephistophelisch gesprochen: »Vernunft wird Unsinn, Wohltat Plage«? »Nichts ist gefährlicher für die Vernunft als der Flug der Einbildungskraft«, warnte zwar David Hume. Ein Votum gegen die Phantasie? Soll die Eule der Minerva flügellahm sitzenbleiben? Lame duck – Ente der Minerva? Also gibt es wohl doch nicht *zuviel Phantasie* bei Philosophen, mit der sie aus intellektuellen Mucken fliegende Elefanten machen – im Sinne der Einsicht: »Phantasie ist die schönste Tochter der Wahrheit, nur etwas lebhafter als die Mama« (Spitteler)? »Durch die planlosen Streifzüge der Phantasie wird nicht selten das Wild aufgejagt, das die planvolle Philosophie in ihrer wohlgeordneten Haushaltung gebrauchen kann« (Lichtenberg) – und durch den Herrn Zufall auch! Fiel Wittgenstein nicht seine revolutionäre Theorie der Sprachspiele ein, als er an einem Fußballspiel vorüberging: »So werden Spiele mit Wörtern gespielt!« Phantasie nur kann auch die Erklärung für die Beharrlichkeit der Philosophentätigkeit bei den folgenden Begebenheiten sein:

Arbor Wittgensteiniana, Malerbiana, Smullyana. (Der Baum des Wittgenstein, des Malerba und des Smullyan)

»Ich sitze mit einem Philosophen im Garten; er sagt zu wiederholten Malen ›Ich weiß, daß das ein Baum ist‹, wobei er auf einen Baum in unsrer Nähe zeigt. Ein Dritter

kommt daher und hört das, und ich sagte ihm: ›Dieser Mensch ist nicht verrückt: Wir philosophieren nur.‹
Jemand sagt irrelevant ›Das ist ein Baum.‹ Er könnte den Satz sagen, weil er sich erinnert, ihn in einer ähnlichen Situation gehört zu haben; oder er wurde plötzlich von der Schönheit dieses Baumes getroffen, und der Satz war ein Ausruf; oder er sagte sich den Satz als grammatisches Beispiel vor. (Etc.) Ich frage ihn nun: ›Wie hast du das gemeint?‹, und er antwortet: ›Es war eine Mitteilung, an dich gerichtet.‹ Stünde mir da nicht frei, anzunehmen, er wisse nicht, was er sage, wenn er verrückt genug ist, mir diese Mitteilung machen zu wollen?«
So weit, so gut der ernsthafte Jahrhundertphilosoph Wittgenstein. Fahren wir mit dem Baum-Beispiel fort:
»EIN PHILOSOPHENHUHN betrachtete einen Stein und sagte: ›Wer sagt mir, daß das ein Stein ist?‹ Dann betrachtete es einen Baum und sagte: ›Wer sagt mir, daß das ein Baum ist?‹ ›Ich sage es dir‹, antwortete ein x-beliebiges Huhn. Das Philosophenhuhn betrachtete es mitleidig und fragte: ›Wer bist du, daß du dir anmaßt, eine Antwort auf meine Fragen zu geben?‹ Das x-beliebige Huhn schaute es bekümmert an und antwortete: ›Ich bin ein Huhn.‹ Und das andere: ›Wer sagt mir, daß du ein Huhn bist?‹ Nach kurzer Zeit war das Philosophenhuhn sehr einsam.«
Soweit Luigi Malerba mit seinen philosophischen Hühnern.
Also findet auch ein philosophisches Huhn manchmal (k)ein Korn.
Und wie sieht der lustige Logiker und hintergründige Rätselphilosoph Raymond Smullyan das Problem des Baumes? Wenn Simplicius sich über den Anblick des Baumes freut, so ist für den von Smullyan angeblich erfundenen realistischen Mystiker (war Goethe nicht einer?) »die Freude des Simplicius über den Baum in der Tat ein Ereignis oder eine Reihe von Ereignissen im Nervensystem oder

im Körper des Simplicius. Diese Ansicht scheint mir, obwohl sie richtig ist, nur eine Teilansicht zu sein. Simplicius ist kein geschlossenes physisches System. Wenn Simplicius einen Gedanken faßt, bewegen sich die Teilchen nicht nur in Relation zueinander, sondern auch in Relation zum gesamten Universum. Daher möchte ich die Gedanken des Simplicius als eine Aktivität des Universums als Ganzem betrachten. Folglich würde ich nicht sagen, daß Simplicius sich über den Baum freut, sondern daß es das gesamte Universum ist, das Freude an dem Baum hat [. . .]

ERSTER ERKENNTNISTHEORETIKER: Aber *weiß* Simplicius, daß er sich über den Baum freut?

ZWEITER ERKENNTNISTHEORETIKER: Ich weiß es nicht.

ERSTER ERKENNTNISTHEORETIKER: Woher wissen Sie, daß Sie es nicht wissen? [. . .]

SIMPLICIUS: Aber der Baum ist doch so schön, warum sollte ich mich nicht an ihm freuen?«

(Was sagte Metrodoros hierzu? [s. o. S. 32])

Immer hinter dem Mond?

Was ist der Unterschied zwischen Ernst und Nichternst in der Philosophie: To be (serious) or not to be – is that the question? Mimetisch-hamletisch folgerichtig geschlossen? Fragwürdige Sentenz?
Ist auch das leider noch nicht sehr bekannte Beispiel eines semantisch fehlerhaften Syllogismus doch in jedem inhaltlichen Sinne ein ganz fragwürdiger Schluß? »Einige Philosophen leben auf dem Mond. Der Mond ist eine Satellit ohne eigene Erleuchtung. Also: Einige Philosophen sind Satelliten ohne eigene Erleuchtung?« Das ist aber auch nur die *eine* Seite, die Buchhalterseite sozusagen, die Archivarseite. Archivare der Vernunft haben die Aufgabe, die phi-

losophischen Entwürfe und Vorlagen aus der Vergangenheit auf verdauliche Häppchen abzupacken. Das sind sozusagen die Kärrner und Krämer der Philosophie.
»An toten Autoren turnen sie, wie in Bäumen die Affen, behende zur Krone der akademischen Lebensstellung empor«, urteilte Marti über »manche Germanisten« (glücklicherweise nicht über manche Philosophen!). Und: »Die Kritik der Autoren an der Kritik ihrer Kritiker ist nachgerade so belanglos geworden wie diese.« Die Philosophen im engeren, im echteren Sinne, nach Nietzsche etwa, sind dagegen »mächtige Naturen, die für die Erkenntnis noch nicht urbar sind«. Schön wär's, wenn es sie noch gibt (gäbe?). Meinte doch der Journalist Johannes Gross: »Es gibt noch Philosophieprofessoren, aber keine Philosophen mehr.« Zu Schopenhauers Zeiten war die Bilanz noch etwas günstiger: »Da finden wir ..., daß von jeher sehr wenige Philosophen Professoren der Philosophie gewesen sind, und verhältnismäßig noch weniger Professoren der Philosophie Philosophen ... In der Tat steht dem Selbstdenker diese Bestellung beinahe mehr im Wege als jede andere. Denn das philosophische Katheder ist gewissermaßen ein öffentlicher Beichtstuhl, wo man *coram publico*, vor allem Volke sein Glaubensbekenntnis ablegt. Sodann ist der wirklichen Erlangung gründlicher oder gar tiefer Einsichten, also dem Weisewerden, fast nichts so hinderlich wie der beständige Zwang, weise zu scheinen ... Ausnahme, die die Regel bestätigt, daß *Kant* ein Philosoph gewesen ...« Schopenhauer fügt »nur hinzu, daß auch Kants Philosophie eine großartigere, entschiedenere, reinere und schönere geworden sein würde, wenn er nicht jene Professur bekleidet hätte«.
Philosophenmangel eher als Philosophenmängel? Philosoph – ein Mangelberuf? Bei uns doch wohl gerade nicht – in einer Zeit der wohlfeilen ministerpräsidialen Kritik an »Palaverwissenschaften« und Diskussionsdisziplinen, wel-

che die Chance versäumt hätten, zu technikzugewandten »Akzeptanz-« und »Markterschließungswissenschaften« zu werden! Wer braucht heute noch Philosophen, Außenseiter der Fortschrittsgesellschaft? Interessanterweise beklagte unter dem ironisch-falschen Titel »Platon fehlen die Epigonen« selbst die *Süddeutsche Zeitung* (in Übernahme einer Meldung von »Associated Press«) den Nachwuchsmangel bei Philosophen in Athen (vielleicht sollte man von den zu vielen in Mitteleuropa einige zum Ausgleich schikken – als philosophische Morgengabe und Hirnhilfe der Europäischen Gemeinschaft):
O-Ton *SZ*: »Sogar im Philosophischen Institut der Universität von Athen denken nicht Hunderte von Gelehrten über die ›Liebe zur Weisheit und zum Wissen‹ nach, sondern nur etwa ein halbes Dutzend ... Viele Studenten haben die Werke von Sokrates (sic!), Plato oder Aristoteles im Original nicht einmal gelesen.« Also, man muß doch bitten ... Wenigstens Sokrates' Werke könnte man gelesen haben ...

Der 4,5-Philosoph

Kein Wunder, daß die Philosophie aktuelle Imageprobleme hat. In einer Fernsehsendung konnte man vor ein paar Jahren folgenden Sketch sehen:
Ein Doktor der Medizin, praktischer Arzt, kam zum Dekan der Medizinischen Fakultät einer Universität, einem alten Freund, und wollte bei ihm einen Studienplatz für seinen Sohn erreichen, der nur 2,0 in seinem Abiturzeugnis als Notenmittel bekommen hatte statt der für ein Medizinstudium erforderlichen 1,5 oder 1,8 (für die korrekte Wiedergabe von Zehntelpunkten kann ich mich nicht verbürgen). Es war natürlich trotz burschenschaftlicher Bundesbruderschaft der ehrbaren Alten Herren »nichts zu

machen«. Der Dekan konnte damals nur auf die ZVS, die Zentrale Vergabestelle für Studienplätze, verweisen – deren Richtlinien besagten, es war eben »nichts zu machen«. Der Sohn konnte nicht genommen werden. Ja, der Dekan mußte sogar gestehen, daß sein eigener Sohn nur einen Abitursnotendurchschnitt von 3,5 hatte und also nicht einmal für Pharmazie oder Lebensmittelchemie in Frage käme, sondern bei diesem unterdurchschnittlichen Ergebnis bliebe ihm nur noch die Möglichkeit offen, Rechtswissenschaft oder, wenn auch das »nichts würde«, schließlich gar noch Philosophie zu studieren. Als das Wort ›Philosophie‹ fiel, erhob sich ein allgemeines Gelächter des Publikums, das zahlreich im Studio vertreten war. Dieses spontan ansteckende und ohne weiteres verstandene Auflachen ist eigentlich der Grund, warum ich von diesem Sketch berichte. Man sieht hieran, was für eine Reaktion das Etikett und die Vokabel ›Philosophie‹ in der Öffentlichkeit heutzutage, abgesehen von dieser etwas dramatisch auf Überraschung hin fingierten Situation, erzeugt. – Allerdings soll es ein Ex-Wissenschaftsminister vor Jahren schon »nicht gut« gefunden haben, »daß Abiturienten ›1,5 im Durchschnitt‹ haben müssen, um Landarzt werden zu können«, daß dagegen die Durchschnittsnote »4,6 gerade noch zum Philosophieprofessor« reiche. Eine Frage des Marktes und der Nachfrage?

Philosoph in der Welt der Macher

Immerhin, wenn auch nicht Steuermann des eigenen Stellenmarktes und der Marktakzeptanz, so sei der Philosoph, so meinte Bernard Shaw, . . . »der Steuermann der Natur«. Was aber soll das heißen? Kann er die Natur steuern? Oder steuert er doch nur in begrifflichen Beschreibungen von Wort zu Wort, versucht er mit dem unzureichenden Instru-

Eine alchimistische Allegorie: Das Ei der Philosophie

ment des Wortes, der Sprache etwas zu erfassen, das von vornherein total jenseits des Bereiches ist, den er mit diesem Instrument wirklich erreichen, beherrschen, verändern kann? Platon meinte dies schon im Siebten Brief, in dem er seiner Verzweiflung über das philosophische Ungenügen der Sprache Ausdruck verleiht. Bonaventura von Thurn behauptet zwar: »Das Geschriebene ist immer gescheiter als der, der es geschrieben hat«, doch dürfte dies auf Platon wohl nicht zutreffen – und Platons Skepsis über die Ausdrucksfähigkeit der Sprache dürfte eher berechtigt sein. Ein afrikanisches Sprichwort drückt dies im Hinblick auf die Lebenspraxis knapp und drastisch aus: »Worte sind schön, doch Hühner legen Eier.« Philosophen nicht – und wenn doch, dann sind es nach Nietzsche Basiliskeneier, Eier von Monstern mit tötendem Blick. Oder Goyas Ungeheuer, die »der Traum der Vernunft gebiert«?

»So wie es schon schmerzt, manche Entdeckung nicht gemacht zu haben, sobald man sie gemacht sieht, obgleich noch ein Sprung nötig war«, gestand Lichtenberg, »so schmerzt es menschlich mehr, tausend kleine Gefühle und Gedanken, die wahren Stützen menschlicher Philosophie, nicht mit Worten ausgedrückt zu haben, die, wenn man sie von anderen ausgedrückt sieht, Erstaunen wecken.«
Die Philosophie in irgendein Prokrustesbett zwingen zu wollen, beraubte sie ihres eigentlichen inhaltlichen Kerns, der mit der Freiheit und dem Humanum ebenso zu tun hat wie mit Kunst, Lebenskunst, Stil, Kreativität und Poiesis wie auch mit Antidogmatismus, Ironie, Humor und – last but not least – allen Weisen der bewußten und durchdachten Selbsterfahrung. In einer allzu sehr auf Nützlichkeit und Output ausgerichteten verwalteten Welt ist das anscheinend Überflüssige, das heißt das, was nicht zur äußeren Lebenssicherung oder zur Güterproduktion dient, keineswegs unnütz und unnötig: Mit Ortega y Gasset könnte man sagen, daß erst das Überflüssige das Dasein sinnvoll, human gestaltet, daß der Mensch das Wesen sei, das des Überflüssigen, des scheinbar Überflüssigen notwendig bedarf. Als freies Spiel, als Spiel der Freiheit – durchaus auch in aufbauender Ironie und Selbstironie – ist Philosophie eben auch eine gelebte freie Kunst: »Eine Kunst als Lebenskunst, als Kunst zu *existieren*«, meint der existenzphilosophische Schriftsteller Richtscheid, antitechnokratische, antidogmatische, antibürokratische und zuweilen auch antiszientistische spielerisch-schöpferische Tätigkeit. Wie Leben sich im Tiefsten nur in der eigenen Tätigkeit, im Eigenhandeln verwirklicht, so kann ein wahrhaft humanes personales Existieren gerade in einer Zeit der extremen Gefährdung alles Individuellen, in einer Zeit, in der das Individuum schon totgesagt wurde, sich im Streben, Selbst zu sein, »eigentlich« zu sein, in der Frage nach dem Selbstsein ausdrücken. Nicht die Selbsteinordnung als »-ist« oder

F. Goya: Der Traum der Vernunft erzeugt Ungeheuer

»-ianer«, nicht das gelehrte, virtuose Spiel mit den Thesen anderer, mit Lehren der Klassiker, macht den Philosophen, sondern das »*Abspringen,* um das Kunststück des Philosophierens selbst zu wagen, aus dem eigenen Ursprung, nachdem ich die Probleme aus eigener Erfahrung kennenlernte, *abspringen*, selbst auf die Gefahr hin, daß ich danebenspringe, stürze, und das Gelächter mich überschüttet – *das heißt echt philosophieren.* Das beste Beispiel bleibt uns Sokrates«. Selbst wenn man scheitert, so ist es eben ein echteres Philosophieren, »das Scheitern denkend zu erfahren«, als nur referierend zu lehren, nachzuplappern. In diesem ursprünglichen Sinne zu philosophieren ist nicht: Forschungsgegenstände zu sammeln, zu klassifizieren, objektiv zu behandeln – obwohl es natürlich auch ein methodologisch-wissenschaftliches Philosophieren gerechtfertigterweise gibt: eben in der Wissenschaftstheorie und Methodologie. Echtes, tiefes Philosophieren ist im tiefsten Grunde existentiell: »Wiederholung der Menschwerdung des Menschen«. An das Humanum, an das Selbstsein, »an Freiheit appellieren, das heißt Philosophieren«. Diese zugleich kritische, existentielle und freiheitliche Funktion der Philosophie muß natürlich dazu führen, daß Philosophie über alle künstlichen Begrenzungen hinausgreift, hinausweist, zugleich »an des Menschen Grenzen und Situationen an diesen Grenzen« erinnert und in »eine Position zwischen Stühlen«, zwischen allen Stühlen gerät: »Lehrstühlen, Kirchenstühlen, Partei-, Gewerkschaftsstühlen, Stühlen aller Art im Daseinsapparat«. Während dies vielen das Ärgernis der Philosophie bedeutet, gilt dem ironischen Existenzphilosophen Richtscheid gerade dies als »das ›Positive‹ der Philosophie«.

Philosophieren heißt aber weiterhin auch, sich denkend einzuordnen in den Kreislauf allen Lebens, dieses reflektierend nachzuvollziehen und gleichsam das Leben sub species aeternitatis, unter übergreifenden, allgemeineren, ja, höheren Gesichtspunkten zu sehen, ein Ziel, das insbesondere bei Platon als höchstes Ziel am Ende des Philosophierens stand. Auch diese Einsicht könnte man natürlich für wenigstens halb pathologisch halten, für ein Ziel, das der kreativen Auseinandersetzung mit der Welt widerspricht. Auseinandersetzung mit der Welt *muß* freilich nicht nur das aggressive Eingreifen der abendländischen experimentell-technischen Weltgestaltung samt der entsprechenden philosophischen Einstellung sein. Ökologische Philosophie ist heute modern – im Sinne von Kurt Barthels

> »*Manifest zum hundertsten Todestag*
> *Nach Karl Marx*
>
> Die Philosophen haben die Welt
> nur verändert,[32]
> es kommt aber darauf an,
> sie zu (ver)schonen.«

(Dieses Zitat erinnert freilich auch an Rolf Hochhuths Satz: »Die Marxisten haben Marx nur verschieden interpretiert; es kommt aber darauf an, ihn zu verändern!«).
Auch Marxologen können Jokologen sein. Die große *M*arx-*E*ngels-*G*esamtausgabe (genannt MEGA – griech. »groß«) entzifferte die schwer lesbare Sütterlin-Handschrift Marxens bei den *Ökonomisch-Philosophischen Manuskripten* dort, wo es um »gemeinschaftlichen Genuß« geht, idealistisch-bieder als »gemeinschaftlicher Geist«. Und das gleich an mehreren Stellen! Der vielsagende Satz: »Die Tätigkeit und der Genuß, wie ihrem Inhalt, sind auch der Existenzweise nach *gesellschaftlich*, *gesellschaftliche* Tätigkeit und *gesellschaftlicher* Genuß«, wird MEGA-lomarxisch zu: »Die Tätigkeit und der Geist, wie ihrem Inhalt, sind auch der Entstehungsweise nach *gesellschaftlich, gesellschaftliche* Tätigkeit und *gesellschaftlicher* Geist«! Einige Zeilen später heißt es bei MEGA: »Die gesellschaftli-

che Tätigkeit und der gesellschaftliche Geist (statt: Genuß) existieren keineswegs *allein* in der Form einer *unmittelbar* gemeinschaftlichen Tätigkeit und unmittelbar *gemeinschaftlichen* Geistes (statt: Genusses), obgleich die *gemeinschaftliche* Tätigkeit und der *gemeinschaftliche* Geist (statt: Genuß), d. h. die Tätigkeit und der Geist (statt: Genuß), die unmittelbar in *wirklicher Gesellschaft* mit anderen Menschen sich äußert und bestätigt, überall da stattfinden werden, wo jener *unmittelbare* Ausdruck der Gesellschaftlichkeit im Wesen ihres Inhalts begründet und seiner Natur angemessen ist.« Hans-Joachim Lieber, der mit seinen Mitarbeitern diese Lesefehler in dem gedrechselten Satzgebilde entdeckte, kommentiert diese und die weitere Leseverwechslung zwischen ›Verobjektivieren‹ und ›Versubjektivieren‹ mit dem Vers, den er sich darauf macht: »Ob ›Versubjektivieren‹ oder ›Verobjektivieren‹, ob ›Geist‹ oder ›Genuß‹ – es bleibt für den Interpreten immer der gleiche Stuß« (von Lieber handkorrigiert aus: »Schluß« – kein Sütterlin-Lesefehler, ich schwöre es!). – Heißt das, daß »Geist« und »Genuß« wie die beiden anderen Ausdrücke einfach für den Materialisten austauschbar sind? Worte sind schön. Passen sie immer, besagen sie nichts. Geist ist Genuß – auch umgekehrt? Leider ein heute oft vergessenes Genußmittel wie das Denken (s. o. S. 26).
Materialistisch, monistisch, monoman bleibt sich's eh gleich ... Bleiben wir bei den Materialisten.
Der zu Unrecht vielbekämpfte Starmaterialist Julien Offray de La Mettrie, den der Aufklärer Diderot als zu »verdorben« aus »der Schar der Philosophen« ausschließen wollte, der aber selbst aufklärerisch witzig und vielfach überraschend modern argumentierte – etwa »Gut« und »Böse« als »politische Institution«, notwendig für den »gesellschaftlichen Zusammenschluß« ansah und das Lachen gut jokologisch als das spezifisch Menschliche gegenüber den Tieren verstand –, dieser La Mettrie meinte – auch

mehrdeutig witzig?: »Wahrhafte Maulwürfe sind wir im Reich der Natur.« Dunkelgänger der Natur? Die Wühlarbeit ist in der Tat unübersehbar ... So sind wir Macher nun mal ... und auch die Analysefreunde allzumal.

Die Beule am Kopf des Antimaterialisten

Durch Lycinus' Mund ironisiert Lukian, ob »es schon genug« sei, »wenn wir Philosophie treiben, weil wir dann nichts Schlimmeres tun«. Oder ist das doch schon schlimm genug, wie das Marx-Gedichtchen nahelegt? Sollten wir uns lieber ganz der Materie zuwenden – tätig Stoff und Rohstoff bearbeiten, manipulieren, nach dem alten Ingenieurspruch: »Mens agitat molem« (»Der Geist bewegt die Masse«)? Aber wie kann der das? Was ist der Geist und wie bewegt er Stoff? Das alte Geist-Körper-Problem ist immer noch ungelöst. Noch fehlerhaft gestellt?

Als der Immaterialist und Anti-Materialist Berkeley mit seinem Kopf an einen Pfeiler stieß, rief ihm jemand zu: »It matters not« (Julshoffs Brief an Kant, 5. 8. 1790). Erinnert dies nicht an die berühmte negative Wechseldefinition – omnis definitio est negatio: »What is mind?« »No matter!« – »What is matter?« »Never(-)mind!«? Wie dem auch sei, so analysiert mein Freund und Kollege Wolfgang Breidert weiter, war es ein Schüler Berkeleys, der den verlegenen Lehrer zu trösten versuchte: »Selbst der Schmerz materialisiert nichts. Er ist als Argument ohne Bedeutung«? Oder, so sinnierte Wolfgang Breidert, bekräftigte ein Handwerker dem Bischof? »Durch einen so kleinen Stoß bringt man *unsere* Werke nicht ins Schwanken.« Möglicherweise hatte er auch geglaubt, Berkeley wolle den Pfeiler mit seinem Kopf stützen. Der Satz bedeutete dann: »Nicht nötig, Eminenz. Unser Werk hält auch ohne Kopfstütze.« Vielleicht war es auch nur der Trost eines Arztes: »Es gibt nur eine

Beule, die ohne Teerwasser wieder verschwindet.« (Zur Erläuterung: Berkeley schwörte auf Teerwasser als medizinisches Allheilmittel.)
Auch Goethe hegte Zeit seines Lebens ein gesundes Vorurteil (das des gesunden Menschenverstandes und Lebensverständnisses?) gegen einen übertriebenen Idealismus. Als er vernahm, daß demonstrierende Studenten Fichtes Fenster eingeworfen hatten, schrieb er (10. 4. 1795) in einem Brief an Voigt, man habe »also *das absolute Ich* in großer Verlegenheit gesehen«: »Freilich ist es von den Nicht-Ichs, die man doch *gesetzt* hat, sehr unhöflich, durch die Scheiben zu *fliegen*.« Hm, könnte man antworten, wenn das Ich das Nicht-Ich und damit Widersprüchlichkeit in sich setzt, setzt es damit natürlich auch Unhöflichkeiten gegenüber sich selbst und muß diese konsequent ertragen. »Philosophie: aufklärendes Herabziehen«, heißt es bei Goethe, der sich auf Ironie wahrlich verstand. Z. B. zu Fichtes Wissenschaftslehre steht im Xenien-Manuskript Goethes und Schillers: »Was nicht Ich ist, sagst du, ist nur ein Nicht-Ich. Getroffen, / Freund! So dachte die Welt längst, und so handelte sie.« – Claus Günzler, dem ich den Hinweis auf die obige Briefstelle verdanke, berichtete mir, daß Goethe – ironisierend George Edward Moores Widerlegung des Idealismus durch den »gesunden Menschenverstand« vorwegnehmend, – bei einer Diskussion über (Kantischen) Idealismus niesen mußte und schlagfertig reagierte: »Aber bin ich mir meiner Nase gewiß?«[32a]
Was dem absoluten Idealismus recht ist, ist dem Materialismus billig. Beides sind Extreme.
»Der moderne Materialismus ist der Mist, den Boden zu düngen für die Philosophie«, steht in Schopenhauers neu erschienenem handschriftlichen Nachlaß.

Der Schein bestimmt das Bewußtsein (?)

Deutung ist alles, Interpretation ist ein Konstrukt, Konsequenz aus der Geschichte – über Marx hinaus: Nicht das Sein, der Schein bestimmt das Bewußtsein (im Seminar und auch im Leben – wenn's wenigstens der schöne Schein wäre – und sei es nur jener der Idee!). »Ich bin ganz deiner Meinung«, pflichtete die Herzogin Alice bei, »und die Moral davon ist: ›Mehr sein als scheinen‹, oder, um es einfacher auszudrücken: ›Denke niemals, daß du anderen anders erscheinen könntest, als du bist, wenn du nicht anders wärest oder hättest sein können, als du wärest, falls sie dich gesehen hätten, wenn du anders gewesen wärest, als du anderen scheinst!‹« »›Weshalb sind wir denn keine Realisten‹«, fragte sich Ulrich bei Musil, »aber Nihilisten und Aktivisten waren sie, und bald das eine, bald das andere, je nachdem, wie es kam ...«

Im Ernst:
Wer erfand die Menschenrechte?

Philosophie ist auch, aber keineswegs nur »ihre Zeit, in Gedanken erfaßt«, wie Hegel gemeint hat. Philosophie ist nicht nur Beschreibung, nicht nur Analyse des Sprachgebrauchs, sondern auch »die Richterin eines Zeitalters, ihres Zeitalters; es steht schlimm«, sagt der Kulturphilosoph Pannwitz, »wenn sie statt dessen (nur) sein Ausdruck ist«. Mit anderen Worten, zur Philosophie gehört nach wie vor auch die wichtige Aufgabe, so etwas wie das Nicht-Zeitgemäße, Utopien, ganz neuartige Ideen, gleichsam ins Unendliche überdehnte Ideale zu entwerfen und zu entwikkeln – Vorstellungen von Zielen und Zuständen, die unter Umständen durchaus unerreichbar sein können, die aber dennoch eine wichtige soziale und kulturelle Wirksamkeit entwickeln können. Man denke etwa an Ideen wie die Menschenrechte[33], die in der Erklärung der Menschenrechte der Vereinten Nationen zum Ausdruck kommen; diese Menschenrechte sind, könnte man etwas überspitzt formulieren, von Philosophen entdeckt worden, auf den Begriff gebracht worden. So kann John Locke, einer der Aufklärer und Erfahrungsphilosophen aus England, im Grunde als der »Erfinder« der Menschenrechte bezeichnet werden; denn seine Formulierungen über die Rechte jedes einzelnen Menschen und die prinzipielle Gleichberechtigung als Ideal, als Leitfaden für das Verhalten, gingen nahezu wörtlich in die amerikanische Bill of Rights von Virginia, also in die erste Unabhängigkeitserklärung eines modernen demokratischen Staates, ein, und sie haben dann später die amerikanische Verfassung und auch die französischen Verfassungen in und nach der Französischen Revolution beeinflußt. Diese waren freilich durchaus auch von anderen Philosophen, z. B. Rousseau und den Aufklärungsdenkern, vorbereitet worden. Doch selbst in der Erklärung der Menschenrechte der UN findet man noch fast wörtliche Übereinstimmungen mit der Ausarbeitung dieser Ideen bei John Locke. Ein Beispiel also, wie philosophische Ideen politisch weiterwirken können. Ein anderes Beispiel wäre unsere gesamte Staatsauffassung von der besten Organisation, Verwaltung, Leitung der Gesellschaft, die Idee von Demokratie und Gleichheitsprinzip, prinzipieller Gleichberechtigung jedes einzelnen: »One man, one vote«. Die gesamte repräsentative Demokratie ist stark von philosophischen Ideen gekennzeichnet und bestimmt. Im Grunde ist jede allgemeine Idee des menschlichen Gemeinwesens von einer philosophischen Konzeption geprägt. Auch die »vom ewigen Frieden«, von dem diesbezüglich Abraham Gotthelf Kästner schon 1781 in seinen Sinngedichten feststellte:

»Auf ewig ist der Krieg vermieden;
Befolgt man, was der Weise spricht,
Dann halten alle Menschen Frieden,
Allein die Philosophen nicht.«

– Und *das* parallel zum Erscheinen der *Kritik der reinen Vernunft* (deren Auflage B sich heuer gerade zum 200. Male jährt)! Ist dies nun eine Einsicht der *kleinen* Vernunft?
Wie aber endet Jorge Luis Borges' Altersgedicht »Reliquiem«:

»Von jenem Buch von Kant,
welches der Universalschlüssel ist,
wie man uns gesagt hat,
bleiben uns bloß die vielen Blätter
und die gotische Fraktur.«

Sollte der größte Philosoph der Neuzeit verstummt sein, seine Lesbarkeit verschwunden? Das dürfte denn wohl doch nicht sein! Das müßte man zumindest *bestreiten* ... Zurück zu Kant! Kant redivivus, zeitangemessen revidiert!

Der Streit der Philosophen (real) und das skeptische Selbstanwendungs-Autodafé (nur angekündigt)

Schon nach Lukian zankten sich »alle Philosophen ... um des Esels Schatten« – um des Kaisers Bart, würden wir heute sagen. Angemessener ausgedrückt: »um Platons Bart«. Kant hielt es für einen zweitausendjährigen Skandal, daß die Philosophen ihre Probleme nicht lösen konnten – statt dessen ständig stritten. Newton sprach zwar davon, »die Philosophie sei eine so prozeß- und streitsüchtige Dame, daß ein Mann ebensogut gleich dauernd in Rechts-

prozesse verwickelt sein könnte wie es mit ihr zu tun zu haben«, doch er meinte wohl die Naturwissenschaft (»natural philosophy«) mit ihren/seinen Prioritätsstreitigkeiten, die er z. T. selbst eifersüchtig anzettelte und betrieb, man denke nur an seinen Streit mit Leibniz um das Erstgebärerrecht für die Differential- und Integralrechnung. Gilt nicht aber auch für Philosophen, was Goethe allgemeiner formuliert? »Die Gelehrten sind meist gehässig, wenn sie widerlegen; einen Irrenden sehen sie gleich als ihren Todfeind an.« »Wer philosophiert, ist mit den Vorstellungsarten seiner Vor- und Mitwelt uneins ...« Nichts von der Nachsicht, die derselbe Autor in seinem lesenswerten Gedicht »Die Weisen und die Leute« dem Demokrit, einem lachenden Philosophen der Antike, in den Mund legt: »Das läßt sich auch begreifen. / Hält sich der Narr für klug genug, / So gönnt es ihm der Weise.« Doch selbst lächelnden Philosophen – auch modernen – fiel eine derartige Großzügigkeit außerordentlich schwer, wenn es um ihre eigene Lehre ging. Der große englische Empirist David Hume gilt für großzügig und heiter, doch attestiert ihm der Rezensent seines Hauptwerks: »Was für eine effektive Methode hat dieser Gentleman ausgeheckt, um seine Antagonisten zu zerstören! Zuerst erschlägt er sie alle zusammen, und danach tötet er sie einzeln« (»He first slays them all in Body, and kills them one by one afterwards«).
Immerhin ging Hume theoretisch auch mit seiner eigenen Philosophie nicht gerade zimperlich um: Der große Erkenntnistheoretiker huldigte am Ende seines *Traktats über die menschliche Natur* (Band I) einem Skeptizismus: »Ich komme mir vor wie ein Mann, der, nachdem er auf viele Sandbänke aufgelaufen und in einer schmalen Meerenge mit Mühe dem Schiffbruch entgangen ist, doch noch die Kühnheit besitzt, auf demselben lecken, vom Sturm mitgenommenen Schiff in See zu gehen, ja, der unter so ungünstigen Umständen noch daran denkt, die Erde zu umschif-

fen.« Sein Mißtrauen ist so groß, daß er gesteht, er sei »geneigt ..., alle meine Papiere und Bücher ins Feuer zu werfen, daß ich ... den Entschluß fasse, niemals um des Denkens und der Philosophie willen auf die Vergnügungen des Lebens zu verzichten ...« In seinem erkenntnistheoretischen Spätwerk bezieht er seine berühmte Autodaféandrohung auf jedes Buch, das keine »Erörterung über Größe und Zahl« und über Erfahrungstatsachen enthält. In diesem Falle »übergebe man es den Flammen, denn es kann nichts als Sophisterei und Blendwerk enthalten«. So konsequent war Hume freilich nicht mehr, daß er nun auch seine eigenen unter diese Art fallenden Bücher den Flammen übergeben hätte.

Langzeiteffekte des Denkens

Alle Gesellschaftsformen sind von Menschen, vor allem, aber nicht nur, von denen, die Macht besitzen, gestaltet worden – durchaus aufgrund von bestimmten Ziel- und Leitorientierungen, die letztlich philosophischer Natur sind. Insofern kann man sagen, daß die philosophischen Ideen und Grundkonzeptionen insbesondere im Bereich der Leitung des Verhaltens, so etwa die Werte des Guten, des Schönen usw., wesentlich von der Entwicklung der Philosophie und ihrer Ideen bedingt, bestimmt, geprägt sind. Dies gilt selbst dann, wenn es nicht mehr im allgemeinen Bewußtsein vorherrscht oder man die Herkunft im einzelnen vergessen hat, vielleicht gar nicht mehr analysieren, wissen, aufdecken will.

Außerdem laufen viele dieser Einwirkungen außerordentlich langfristig ab. Man bedenke, daß etwa die Staatsphilosophie (wie natürlich das gesamte Unternehmen der abendländischen Philosophie) geprägt wurde von Platon und Aristoteles, daß im Grunde nur recht wenige Ideen in der Neuzeit, etwa in der frühen Neuzeit, hinzugekommen sind. Hier sieht man, wie langfristig Gedanken wirken können, was für eine Langzeitwirkung man unter Umständen in den Blick nehmen muß, um ihre Wirksamkeit angemessen beurteilen zu können. Schließlich erkennt man auch, daß solche Gedanken sich von ihren eigentlichen Schöpfern und Autoren völlig lösen können und dennoch Fernwirkungen haben, die dem allfälligen und so modischen abwertenden Urteilen über die Weltfremdheit der Philosophen im Grunde entgegenstehen, ja, diese Urteile leicht widerlegen können. Das langfristige, das über den unmittelbaren Zeitzusammenhang des Jetzt und Heute hinausgehende Denken ist also im Grunde die wesentliche Aufgabe der Philosophie. Philosophie ist Langzeitdenken. Philosophie, könnte man also sagen, ist keineswegs, wie Strindberg sagt, nur die »Geschichte der Unwahrheit«, sondern Philosophie weist in diesem Sinne eine lange Tradition der Einwirkung auf die Gesellschaft und auf das Zusammenleben in ihr sowie auf das Selbstverständnis auf. Diese Tradition kann in ihrer Bedeutung kaum überschätzt werden. Das gilt besonders zum Beispiel auch in manchen Bereichen, die heutzutage oder bis vor kurzem ganz besonders brisant gewesen sind: Man denke etwa an das Leib-Seele-Problem mit seinem Bezug auf die Frage des Sexuellen. Hier hatten sich ungemeine Schwierigkeiten in der Kulturgeschichte des Abendlandes aufgestaut. Sie stammen letztlich aus dem Dualismus der Gnostik und Platons, der einen totalen Gegensatz zwischen dem Körperlichen, Vergänglichen, dem Abzuwertenden auf dieser Welt und der ewigen, unsterblichen, um vieles wertvolleren Seele sah und keinerlei unmittelbare Möglichkeit einer Überbrückung zwischen beiden Bereichen anerkannte. Diese Zwei-Welten-Lehre, dieser Dualismus hat unglaublich in der abendländischen Geschichte weitergewirkt, wurde im Christentum aufgenommen, zum Teil falsch interpretiert: Etwa der Begriff des »Fleisches« in der Bibel, in der Theologie hat ursprünglich überhaupt nichts mit diesem Leib-Seele-Problem gemein, wie die neuere Theologie herausgefunden hat, sondern ist eigentlich nur ein theoretischer Modellbegriff, um den Zustand der Entfernung von Gott zu kennzeichnen; »Fleisch« im Sinne der Bibel ist also der von Gott entfernte Mensch. Das Konzept hat im Grunde gar nichts mit dem Körper und dem Leib-Seele-Problem zu tun, wie man Jahrhunderte lang gedacht hat. Auch Platon hat natürlich seine Philosophie keineswegs im luftleeren Raum entwickelt, er hatte Vorgänger; es gab Einflüsse aus dem vorderasiatischen Bereich, etwa aus Persien, aus der Zarathustra-Religion, aus der orphischen Bewegung, für die das Irrationale, das begeisternde Ritual und Mysterienfestspiele eine große Rolle spielten. Von Anfang an war die Philosophie immer auch der Versuch, sich mit dem Irrationalen im Menschen und im Leben auseinanderzusetzen, das Irrationale sozusagen »in den Griff zu bekommen« oder zu entschärfen, den Kampf zwischen dem Irrationalen und dem Rationalen darzustellen und überhaupt so etwas wie eine rationale Welt- und Lebensanschauung, ein Modell der Rationalität und der Vernunft zu entwickeln. Wenigstens in Bescheidenheit und ohne dogmatische Besserwisserei – so muß man heute ergänzen: Schon für Hume war »die Enthüllung menschlicher Blindheit und Schwäche das Ergebnis aller Philosophie«. Auch der rationalistischen Schwächen, versteht sich! ...

»Das ganze Gesetz der Philosophie«

Die ersten griechischen Philosophen waren die Erfinder des Beweisens. Thales, der erste Philosoph in der Überlieferung der griechischen Antike, hat die mathematische Verfahrensweise des Beweises, des zwingenden Argumentierens für einen bestimmten Schlußsatz, herausgestellt, wenn nicht sogar erfunden. Zwar gab es Mathematik und die Anwendung mathematischer und geometrischer Berechnungen und Messungen auch vorher schon, etwa im alten Ägypten, aber man ging mit den Meßinstrumenten und dem Abzählen sozusagen empirisch vor: Man maß und rechnete gemessene Ergebnisse um. Noch Lichtenberg meinte: »Sei aufmerksam, empfinde nichts umsonst, messe und vergleiche; dieses ist das ganze Gesetz der Philosophie.« (Er meinte zwar wohl der »Naturphilosophie«, die damals für »Naturwissenschaft« stand – aber Sinn gibt der Spruch auch darüber hinaus – bei liberaler Interpretation des »Messens«.)

Doch die Idee, daß es so etwas gibt wie eine von Messungen, von Erfahrung unabhängige Erkenntnis, daß diese Erkenntnis sogar streng sein kann, daß diese Erkenntnis Beweise liefern kann, diese Idee war ursprünglich eine philosophische Idee, eine Idee eben der mathematisch orientierten Naturphilosophen vor Sokrates, vor Platon, bei den sogenannten Vorsokratikern. Im Grunde waren die Philosophen damals Denker, die in ihrer Unternehmung nicht abzutrennen waren von Naturforschung. Sie waren Naturwissenschaftler. Sie suchten den Urstoff, sie suchten das, was die Welt im Innersten zusammenhält, sie suchten ein Prinzip, ein allgemeines Gesetz, aus dem heraus sie die Vielfalt, die Perspektivenvielfalt der Welt erklären konnten, jedenfalls auf den Begriff zu bringen versuchten.

Schon Nietzsche sah das klar: »Gerade Tatsachen gibt es nicht, nur Interpretationen.« »In Wahrheit ist Interpretation ein Mittel selbst, um Herr über etwas zu werden.« »Wir sind in unserem Netze, wir Spinnen (und somit: wir spinnen, Zusatz: H. L.), und was wir auch darin fangen, wir können gar nichts fangen, als was sich eben in *unserem* Netze fangen läßt.« (Das klingt schon sehr nach Poppers Novalis-Zitat als Motto der *Logik der Forschung:*

»Hypothesen sind Netze: nur der wird fangen, der auswirft.«)
Philosophie war gleichsam der Versuch, Einheit zu denken, die Welt als eine einheitliche Struktur, als eine Ordnung zu deuten, die einen bestimmten Zusammenhang hat, die unter einem allgemeinen Prinzip gedacht werden kann, die also einen Kosmos, ein »Geordnetes«, darstellte. Man versuchte, die Einheit der Welt zu erfassen und denkend nachzuvollziehen und interpretierend-analysierend zu begreifen und Beweise, Begründungen der Erkenntnis vorzulegen. Dazu bedurfte es eines ganz wichtigen Schrittes – der zum Teil allerdings auch schon in manchen anderen Traditionen, zum Beispiel im alten China, zeitlich früher gemacht wurde –, dessen Bedeutsamkeit wir uns heute eigentlich kaum noch so richtig vorstellen können. Es bedurfte nämlich des Abschiedes vom mythischen Denken. Man mußte versuchen, sich von den Weltdeutungen zu distanzieren, in denen man aufgewachsen war, die von Priestern gelehrt wurden, die überkommen waren, die sozusagen die ersten, naheliegenden und auch zum Teil dann sogar gebilligten, kontrollierten und im negativen Falle bestraften Folgen nach sich zogen, also sozial kontrollierte Konzeptionen.

Unglaube im Collegium Logicum

Der erste Schritt zur Philosophie, sagt Diderot, »ist der Unglaube«, das heißt das Zweifeln (Montaigne): Das Zweifeln an herkömmlichen Traditionen, an herkömmlichen Autoritäten, an überkommenen Gedanken, an bloßen Bildern, die man gleichsam als Idole, als Götter, als Götzen vorgehalten und vorgespielt bekommt. Zweifel am Glauben und, man könnte sagen, der Glaube ans Zweifeln, an das konstruktive Mißtrauensvotum im Bereich des Geistes waren sozusagen die Anfänge der Philosophie. Durch Kritik, durch Erfindung – ich sage bewußt: *Erfindung* – der rationalen Kritik ist eigentlich so etwas wie Philosophie erst in Gang gekommen.

Der ›Roboter‹-Erfinder, der tschechische Schriftsteller Karel Čapek, wußte es: »Die Sprache wurde dem Menschen gegeben, um zu widersprechen.« Kritisieren ist leicht, man kann natürlich gegen etwas oder gar immer »dagegen« sein, man kann schimpfen und etwas herabwerten, aber rational durch systematische Argumente zu kritisieren, das ist wirklich eine intellektuelle Erfindung, welche die Logik und die rationale Auseinandersetzung möglich machte. Erst so ließ sich rechtfertigen, daß man fortschreitet zu abgeleiteten, zu bewiesenen Schlußfolgerungen, die auch ein möglicher Gegner in der Diskussion einsehen mußte, wenn man von bestimmten Prämissen, von bestimmten geteilten Voraussetzungen, ausging. Entweder mußte der Gegner das Argument einsehen – kraft seiner Vernunft, kraft der Überzeugung sozusagen des logischen Argumentierens –, oder er mußte eben aus dem Gespräch ausscheiden. Rationale Kritik, systematische rationale Kritik ist eine chinesische, indische und griechische Erfindung. (Es gab durchaus in China bei den späteren Konfuzianisten (Hsün-Tzu) eine methodische Kritik und geradezu (sprach-) analytische Philosophie, in Indien eine hochentwickelte Linguistik (Patanjali, Panini) und operationalistische Mathematikphilosophie.) Die rationale systematische Kritik steht am Anfang der Philosophie, und sie ist nach wie vor eine der wesentlichen Tugenden und Methoden auch des heutigen Philosophierens. Ob sie sich dabei nun in der Form von Begründungen für Axiome darstellt oder in der Form des immer weiterfragenden Zurück-Reflektierens über Voraussetzungen von Methoden und Verfahren oder über die Vorbedingungen der Theorien und der Erfahrung oder ob sie die Methode der Beurteilung von Entwürfen

und dann des systematischen rationalen Kritisierens von diesem Vorentworfenen ist, das bleibt sich dabei gleich. Man kann sogar zeigen, daß, wenn man nur so etwas voraussetzt wie die Idee des systematischen rationalen Kritisierens, sich schon fast sämtliche Regeln der modernen Logik aus diesem Ansatz gewinnen, begründen, ableiten lassen. Die Logik ist sozusagen das Instrument, das Werkzeug der Kritik und Analytik.
Die Analytiker werden im Philosophen-Alphabet von Erich Bopp wie folgt gekennzeichnet:

»Carnaps Werk verkündet laut:
Die Welt ist logisch aufgebaut ...
Logisch sind ihm gar Gefühle,
William Quine liebt die Kalküle ...
Stegmüllers Geist, exaktheitswütig,
analysiert (noch jede) Analytik.«

Und Wulf Rehder brachte die für die deutsche Szene unbedingt not-wendige konstruktivistische Er-Gänzung des ABC: »Oskar (sic!) Schwemmer schreibt ein Buch, / Sein Lehrer Paul hat schon genug.«[34]
»Souverän in der Philosophie ist, wer über die Wörterbücher verfügt«, sagte Rainer Hegselmann frei nach Carl Schmitt (der Souveränität dem zusprach, »der über den Ausnahmezustand verfügt«) in Anspielung auf die konstruktivistische Zusammensetzung philosophischer Seilschaften beim Gipfelsturm.
Ähnlich wie die Logik ist die Sprache selbst ein wesentliches Instrument auch der Philosophie, ein unverzichtbares Instrument des Denkens. Die Sprache ist demgemäß ein mindestens ebenso wichtiges Werkzeug des Philosophen wie die Logik. Als Instrument, auch als Gegenstand muß sie immer wieder untersucht werden: Die methodische, besser gesagt: die methodologische, methodenkritische Seite der Philosophie ist nach wie vor eine ganz entschei-

dende Teildisziplin der Philosophie. Heute nennt man sie Wissenschaftstheorie, Sprachphilosophie und Logik. Diese Bereiche sollte der Philosophierende als methodische Minimalvoraussetzung beherrschen, um eben einigermaßen erfolgreich und präzise seine Analysen vornehmen zu können. Sie sind seit alters wesentliche Teile der Freien Künste, der artes liberales; »die philosophische Kunst«, die techne dialektie, setzt das Collegium logicum et linguisticum voraus.
Freilich gibt es Herausforderungen und Wandel – auch für die Wissenschaftstheorie: »Wandel und Wechsel liebt, wer lebt«, sinnierte Richard Wagner. Nur wer sich wandelt, lebt. »Der Positivismus ist tot – außer in der Phantasie seiner streitbaren Gegner!«, konstatierte ich schon vor einem Jahrzehnt. Entsprechend Abgewandeltes gilt für die Wissenschaftstheorie: »Opas Wissenschaftstheorie ist tot!« »Man kann das natürlich auch diplomatischer sagen« – so Helmut Spinner, der – ebenso zu Recht – feststellt: »Sie ist durch die neue Entwicklung des kognitiv-technischen Komplexes überrollt und abgehängt worden.« Forderte ich nicht eine praxisnahe, »pragmatische« Wissenschaftstheorie im Dauerclinch mit Wissenschaftsgeschichte, Wissenschaftssoziologie und empirischer Wissenschaftswissenschaft schon damals? Ahnungsvoll, zu anspruchsvoll? »Wir müssen den Tiger reiten!« (So spinnt Spinner den Faden weiter.) Packen wir also den Tiger nicht in den Tank, sondern besteigen ihn. Vielleicht läßt er sich zähmen mit Vernunft und Verstand! »Gott gab den Menschen zwar den Verstand, doch leider vergaß er, eine Gebrauchsanweisung beizufügen«, schrieb Ralf Bülow, ein 20jähriger, in einem Aphorismenwettbewerb der *Zeit.* Also muß man den Gebrauch mühselig lernen und immer wieder üben ... Dito.

Über das Instrument hinaus

Allerdings ist Philosophie nicht nur Kultivierung, Pflege, Anwendung solcher Instrumente. Wenn man Philosophie nur auf dieses Instrumentelle zusammenstreichen würde, dann hätten einige der zitierten bissigen Bonmots durchaus recht, Philosophie wäre dann in der Tat ein langweiliges, bloß verfahrens- und buchhalterisch orientiertes Gebiet. Neben dieser Buchhalterei des Geistes, einem zweifellos methodisch wichtigen, weiterzuentwickelnden Teil der Philosophie aber gibt es andere, ebenso wichtige Teile. Ich hatte schon auf die Notwendigkeit des leitbildhaften, auch sogar des utopischen Denkens in der Philosophie verwiesen. Die Ausbildung von Ideen und Idealen, etwa des menschlichen Zusammenlebens, der Moralität oder des reinen Vernunftdenkens unabhängig von Erfahrung, hat in der Philosophie immer eine große Rolle gespielt, selbst angesichts der Erkenntnis, daß sie nie erreicht werden können. Der Mensch ist kein Wesen, das Ideale vollständig und total verwirklichen kann. Der Mensch ist ein endliches Wesen in jeder Beziehung; und Philosophie besteht auch darin, daß er lernt, mit der Tatsache seiner Endlichkeit zu leben, fertig zu werden, und dennoch eben diese allgemeineren übergreifenden Ideale gleichsam als Leitsterne zu entwickeln und zu benutzen. Philosophie ist also keineswegs nur Instrument, andererseits auch keineswegs das (falsche) Versprechen, totale Ideale zu erreichen oder absolute Ideale zu verwirklichen, sondern das gesamte Spektrum aller dieser intellektuellen Methoden und Entwürfe ist der Aufgabenbereich der Philosophie.

Schopenhauer erinnert uns daran: »Der Philosoph vergesse nie, daß er eine Kunst treibt und keine Wissenschaft ... Läßt er sich auf Ursache und Wirkung, auf früher und später, oder gar auf Abspinnen aus Begriffen ein; so ist ihm die Philosophie verloren, und an ihrer Statt werden ihm

Märchen ...« Man sieht schon, daß sie im Grunde manch eine unmöglich zu lösende, eine allenfalls unendliche Aufgabe enthält. Deshalb ist die Philosophie keineswegs nur – wie Jacobi, Philosoph und Zeitgenosse Kants gesagt hat – das Geschäft des bloßen Aussonderns, des systematischen Zusammenstellens dessen, was sich von selbst versteht und wodurch alles andere muß verstanden werden können. Diese etwas passivistischen, etwas zurückhaltenden, etwas zu eingeschränkten Deutungen der Philosophie, wie wir sie etwa auch bei Wittgenstein wiedergefunden haben, sind nicht geeignet, das Gesamtspektrum des philosophischen Denkens zu erfassen oder gar auszuleuchten. Philosophie geht über diese und alle endlichen Definitionsversuche hinaus.

Contra Dogmatiker
oder: Wo der Geist noch weht ...

Lebendige Philosophie ist nie dogmatisch erstarrt oder verkrustet: »Contra dogmaticos!« muß als eines der wichtigsten Leitworte immer wieder beherzigt werden, zumal man sogar die kritische Attitüde dogmatisieren kann. Ein dogmatischer kritischer Rationalismus sollte eigentlich ein Widerspruch in sich sein. Ist er das, wenn er wirklich existiert? »Dogmatiker« definiert der Schriftsteller Weißenborn so:

> »Sie sperren den Wind
> in die Flasche
> und jammern, weil er
> nun nicht mehr weht.«

Der Geist weht, wo er will, glaubt der Volksmund – aber jedenfalls nicht eingeschmolzen in Flaschen. Der Geist aus der philosophischen Phiole – soll er wehen, weben, leben!

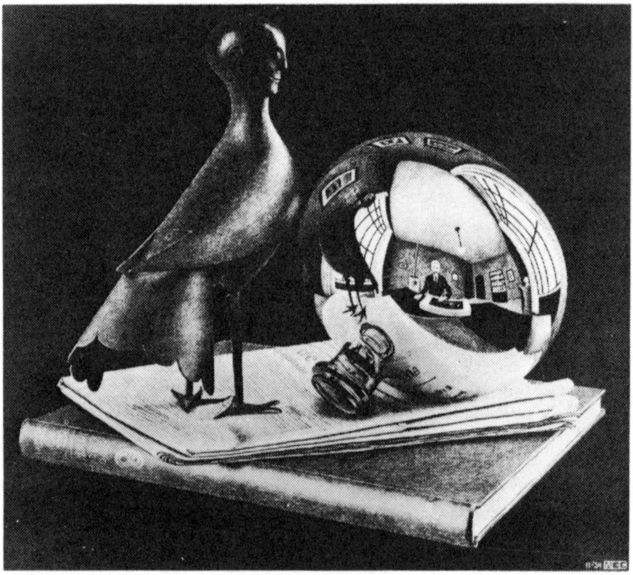

Mikrokosmos in der philosophischen Phiole?
M. C. Escher: Stilleben mit spiegelnder Kugel

Doch Dogmatismen sind – wie alle Ismen – unfruchtbar. Gründen wir daher den Anti-Ismus-Ismus! Hat die Regel »Keine Regel ohne Ausnahme« eine Ausnahme?

Zehnkämpfer, ewiger Dilettant oder Denkanimateur?

In der Tat scheint etwas Unfaßbares, Ungreifbares, in Worten nicht unmittelbar zu Erfassendes im philosophischen Bemühen zu sein.
»Ist denn etwa die Lage so selten, in der einem Philosophie das Philosophieren versagt?« (Lichtenberg) oder umgekehrt! Der Philosoph steht also im Grunde vor einer fast unmöglichen Aufgabe. Was soll er tun? Soll er sich ein-

zelne spezielle Scheiben herausarbeiten, auf die er sich einschränkt, »spezialisiert«? Es gibt viele, die etwa ausschließlich Logik betreiben oder historische Erörterungen eines großen Klassikers. Oder soll er sich weiterhin für das Gesamte, für das Ganze interessieren, immer gleichsam total verantwortlich fühlen? Wird er nicht dann zu einem Spezialisten für das Allgemeine im etwas böswilligen Sinne, sozusagen der Gegentyp zu dem sprichwörtlichen Spezialisten, der immer mehr von immer weniger versteht und im Extremfall, im Grenzfall sozusagen, alles über nichts weiß? Der Spezialist für das Universelle, für das Allgemeinste wäre dagegen derjenige, der nichts über alles weiß, der totale ewige Dilettant. Kombinierte er die Alleswisserei mit der heute überall geforderten Interdisziplinarität, so mußte er, wenn nicht zu dem »Zehnkämpfer der Interdisziplinarität« (nach Odo Marquards Anspielung auf wen wohl?), so doch aus dem generalistischen Fachidioten zu dem »integrierten Gesamtidioten« werden, den Marquard ebenso witzig ironisierte wie den notorischen Allround-Denker. Der unvermeidliche »Dilettantismus« philosophischer sog. Dilettanten darf also nicht falsch verstanden werden. Es handelt sich nicht um ungelernte oder nur angelernte Hilfsarbeiter der Begriffe, sondern um hochqualifizierte methodologische Experten. Der Philosoph muß zwar auch Mut zum inhaltlichen Dilettantismus haben – zumal heutzutage, wenn er die Diskussion mit den Experten der Fachdisziplinen führt. Diese sind bekanntlich alle emanzipierte, aus der Philosophie entlassene Kinder, die sich dann z. T. als Folge des Abnabelungsprozesses der Mutter gegenüber oftmals feindselig verhielten.
Von einem Vertreter der Forschungsstelle Kulturelle Animation der Universität Hamburg wurde auf einer UNESCO-Tagung zum Thema »Qualifizierung der Animateure« eine wenigstens »partielle Professionalisierung der Multiplikatoren« gefordert, von einem anderen ein Plä-

doyer für eine »Animative Wissenschaft« gehalten. Sollte dies auch für die Philosophen als kulturelle Denkanimateure gelten? Ist Jokologie eine zu professionalisierende Teildisziplin der animativen Philosophie – oder umgekehrt?

Professionelle Konfusionsspezialisten im Wortmaskenverleihinstitut

Kann man wie ein Kollege – Lübbe – sagen, der Philosoph sei ein professioneller Konfusionsspezialist, d. h. einer, der eben professionell besonders ausgebildet ist, mit Konfusionen umzugehen – und solche auch zu schaffen (?). Lübbe sagt ironischerweise nicht, ob der Philosoph besonders dazu ausgebildet ist, Konfusion aufzulösen oder (fruchtbare, hoffentlich) zu schaffen. Vielleicht hat er beides im Auge; denn beides hat Tradition in der Philosophie. Man kann sich ja auch denken, daß gerade auch die philosophischen Begriffsanalysen oder Vorschläge, etwa auch die Streitigkeiten verschiedener Ansätze und Schulen, zu begrifflichen Konfusionen führen können und oft führten. Hoffen wir, daß es künftig nur fruchtbare Konfusionen sein werden und sein können und daß sie vielleicht nicht zu professionell behandelt werden. Man sieht, die Philosophie hat auch heute immer noch etwas Amateurhaftes an sich (›Amateur‹ kommt ja von ›amare‹ = ›lieben‹). Im Grunde kann man eigentlich Philosophie kaum ernsthaft als Beruf betreiben. Sie ist und bleibt *Berufung* – hoffentlich. Zwar hat das *Time Magazin* (1966, Nr. 1) geschrieben: »Auch mit der Weisheitsliebe der Philosophie ist es wie mit anderen Arten der Liebe – die Professionellen verstehen am wenigsten davon.« Doch dies ist wohl bloß eine bissige Übertreibung des amerikanischen *Spiegel.*

»Es ist sicherlich für die Philosophie, deren allbeherrschende Autorität überall anerkannt werden sollte, eine

Art von Beleidigung, daß sie bei jeder Gelegenheit gezwungen ist, für ihre Ergebnisse Entschuldigungsgründe zu suchen und sich gegenüber den einzelnen Künsten und Wissenschaften, die sich von ihr gekränkt fühlen mögen, zu rechtfertigen. Dies erinnert an einen König, der des Hochverrats gegen seine Untertanen angeklagt ist.« (Hume)
Der Schweizer Gelehrte Walter Hofmann sah den Konfusionsspezialismus noch zugespitzter: Zwischen Erwartungsdruck und Begriffsverdrehungstricks eingezwängt, sei das Philosophische Seminar heute ein Wortmaskenverleihinstitut. Konfusionspezialisten im Wortmaskenverleihinstitut? Souverän ist, wer genialisch-konfus über die Wortmasken verfügen, diese verleihen oder gar verordnen kann. War die »Liebe zur Weisheit« – sei sie professionell oder nicht – jemals so verfügungsstark? Außer vielleicht einst als »Magd der Theologie« (im Mittelalter)? Doch als solche konnte die Philosophie erst recht nicht verfügen. Sie hatte zur Verfügung zu stehen. Heute spätherrlich nennt man eine solche Disziplin ›Akzeptanzwissenschaft‹, ›Diskussionswissenschaft‹, ›Palaverdisziplin‹. Der Konfusionsspezialist ist professionell eingeordnet, die Konfusion gelichtet.

Auch Denker haben ihre eigene professionelle Defizienz und Deformation

Professionelle und Professionen haben ihre eigenen Selbstverständlichkeiten und Vorurteile. Das als selbstverständlich Übernommene ist auch das unkritisch Hingenommene, das nicht weiter Hinterfragte, dasjenige, das man dann nicht mehr ändern kann. Man wächst in die Selbstverständlichkeiten hinein und ist dann gar nicht in der Lage, die Grundlagen, die man vorausgesetzt hat, zu sehen, zu analysieren, ähnlich wie der Fisch, der nur im Tiefseeozean lebt und das Wasser gar nicht wahrnehmen kann. Er hat keine

Möglichkeit, eine Theorie des Wassers aufzustellen, weil er nichts anderes kennt, er »kennt«(?) eben nur Wasser – und (er)kennt es daher nicht. Ähnlich stand es auch in manchen Spezialdisziplinen. Heute dürfte die Nichtbeachtung der Grundlagen und Hintergründe nicht mehr sehr verbreitet sein – dank der zu Beginn des Jahrhunderts entdeckten und publik gewordenen Grundlagenkrise der Wissenschaften, der Mathematik, der Physik, der Sozialwissenschaften. Doch hatte man sich eine sehr lange Zeit auch in der abendländischen Kulturentwicklung nicht bewußt gemacht, daß unanalysierte, unkritisierte, unkritisch hingenommene Vorentscheidungen zu dem Vorurteil führten, der abendländische Entwurf des Denkens, des Geistes, der ganzen Kultur sei der einzige universalmenschliche, rationale. Aber das Beispiel vom Fisch im Wasser lehrt auch das: Wer nur seine eigene Kultur kennt, kennt gerade die nicht richtig. Lichtenberg schon hat gesagt: »Wer nichts als Chemie versteht, versteht auch die nicht recht!« Das trifft auch für die Kultur im allgemeinen zu, zumal für unsere philosophische Kultur im Abendlande. Mit anderen Worten, eine philosophische Aufgabe ist es, die Kultur des Außergewöhnlichen, des Fremden, der neuen Perspektiven, des Ungewohnten zu entwickeln und weiterzuführen, um eben so etwas wie eine Kritik der eigenen ideologischen Voraussetzungen zu ermöglichen. (Die europäische Philosophie ist nach wie vor sehr eurozentrisch, wie mir bei einer Gastprofessur in Indien deutlich wurde: »Nur im Abendland denkt man *aufrecht.* Daher vielleicht der ärgerliche positive Charakter seiner Philosophie« [Cioran].) Das bedeutet, daß man eigentlich auch – wenigstens zeitweilig – in einer gewissen geistigen Distanz zu seiner eigenen Tradition leben können muß, um in der Lage zu sein, gleichsam von außen sein eigenes Denken, seine Gewohnheiten, insbesondere seine theoretischen Geprägtheiten zu erkennen – eine besonders schwierige Angelegenheit, auf die man sich kaum erfolgreich einlassen kann, wenn man nicht auch mit anderen Lebens- und Kulturentwürfen konfrontiert wurde. Das ist besonders deutlich, wenn man wiederum auf den Einfluß der Sprache auf unser Denken verweist.

Wenn Aristoteles Chinesisch gesprochen hätte ...

Ich hatte schon erwähnt, daß in der Sprache sehr viele untergründige Vorformulierungen stecken, etwa das in der Subjekt-Prädikat-Struktur der indoeuropäischen Standardsprachen angelegte Substanzdenken oder etwa das Denken in Wirkungen und Ursachen usw. Das Denken in Substantiven verführt uns dazu, daß wir Abstrakta bilden, von denen sehr fraglich ist, ob ihnen – abstrakte – Gegenstände wirklich entsprechen. Schon bei Platon wuchs sich diese Frage zu einem großen Problem aus – insofern, als dort wahrscheinlich eine entscheidende ontologische Einbahnstraße der gesamten europäischen Philosophieentwicklung gebahnt wurde. Gibt es so etwas wie »die Röte« als Gegenstand, als abstrakte Eigenschaft, die allen roten Dingen gemeinsam ist? Wo, wie existiert »die Röte«? Kann man davon reden, daß sie überhaupt existiert – oder was soll dies heißen?

Goethe schon, der Spezialist der Farbenlehre, sah darin »von jeher etwas Gefährliches, von der Farbe zu handeln«; er zitiert einen Vorgänger (welchen?) mit dem Wort: »Hält man dem Stier ein rotes Tuch vor, so wird er wütend; aber der Philosoph, wenn man nur überhaupt von Farbe spricht, fängt an zu rasen.«

Auch die wohl einflußreichste Philosophie der Neuzeit stößt auf dieses Problem: »Wo das ›Ding an sich‹ mit der Sprache zusammentrifft, hat der Kantianismus aufgehört« (so Hugo Ball vor Wittgenstein schon 1915)!

Einem jüngeren Philosophiehistoriker (K. Ch. Köhnke) zufolge hat Kant das Ding an sich ursprünglich gar als »transzendente Vogelscheuche« benutzt. Ist das wahr? Wenn ja, wenn nein, wenn jein – wieso? Sind solche abstrakten Ausdrücke überhaupt Gegenständen zuzuordnen? Hat unsere Sprache hierbei nicht eine andere Funktion? Ist sie als Instrument der Beschreibung überhaupt geeignet, solche Gegenstandsunterstellungen oder Hypostasierungen zu vermeiden? Das Wortmaskenverleihinstitut könnte auch als Wortmaskennachweis- und -seziereinrichtung, kurz: als Wortmaskenentlarvungsinstitut, funktionieren. Es wäre in der Tat am besten, wenn man auch eine ganz andersartige Sprache beherrschte, wenn man gleichzeitig in zwei strukturgrammatisch völlig unterschiedlichen Sprachen denken könnte. Es wäre sehr sinnvoll für einen Philosophen – insbesondere natürlich für einen Sprachphilosophen –, wenn er eine andere Sprache wie etwa das Chinesische beherrschte. Es gibt tatsächlich überraschende philosophische Arbeiten (z. B. von Whorf) über das Weltbild etwa mancher nordamerikanischer Indianerstämme, wie der Hopi, die gar nicht in der Lage sind, so etwas wie einen linearen, fortschrittsorientierten Zeitbegriff zu entwickeln, sondern statt dessen in Intensitäten denken. Das Chinesische, das Japanische, das Koreanische haben ganz andere grammatische Regeln, die Anlaß boten bzw. böten, ganz andere Arten des philosophischen Denkens zu entwickeln. Der österreichische Sprachphilosoph Mauthner sagte: »Hätte Aristoteles Chinesisch oder Dakotaisch gesprochen, hätte er zu einer ganz anderen Logik gelangen müssen.« Nun, das ist sicherlich ein wenig überformuliert, überpointiert, aber im Grunde ist dieser Spracheinfluß auf das Denken, die Entwicklung des philosophischen Denkens und damit auch des Denkens in den Wissenschaften noch keineswegs genügend durch interkulturelle Vergleiche erforscht. Hier wäre in der Tat auch noch viel zu leisten.

Kann die herkömmliche Analytische Philosophie all das leisten? Oben wurde schon erwähnt, daß sie als Therapieversuch aufgegeben wurde. Die Naturwortheilmethode der Wortmaskenverleihinstitute à la Oxford oder Oxbridge (= Oxford & Cambridge) funktionierte offenbar nicht wirksam genug. Durch Übersetzungstricks und Wortspielkunststücke ließen sich die philosophischen Probleme nicht hinwegzaubern noch überspielen. Verworfen wurde daher die spätwittgensteinianische Auffassung, die Bedeutung eines Wortes sei sein Gebrauch in der Sprache. Die Verwerfung und die Verworfenheit erreichte selbst Oxford, nach Danto das »damalige Mekka, wo Austin als oberster Mullah residierte und das ›Oxford-English-Dictionary‹ als eine Art Koran verwendet wurde. Die Einstellung glich jener, die angeblich das Niederbrennen der Bibliothek von Alexandrien legitimiert hat: Entweder enthielten die Bücher dasselbe wie der Koran, dann waren sie überflüssig, oder sie waren mit ihm unverträglich und daher falsch«. Armer Austin! Dantos Bericht spricht dessen Ableben eine geradezu sprachmagische, geschichtsmächtige Wirksamkeit zu: »Austins Tod ließ die Ärmlichkeit der Philosophie der Alltagssprache sichtbar werden, selbst wenn sie in verschiedenen amerikanischen Enklaven noch reduzierte Wirkung hatte, wo so typisch britische Wendungen wie ›It would be odd to say . . .‹ im Akzent von Dallas oder Brooklyn von jenen intoniert wurden, die nach der Oxford-Methode erzogen worden waren und nun . . . als Philosophielehrer . . . versteinerten. Austin war ein glänzender, aggressiver, einschüchternder Oxford-»Don«, dessen Persönlichkeit die Programmatik aufrechterhielt; und obwohl Philosophie genauso anfällig für »glänzende Erscheinung ist wie andere kulturelle Tätigkeiten, wurde die Philosophie der Oxford-Schule« Danto zufolge weniger deswegen aufgegeben als wegen ihrer unzulänglichen Sprachtheorie. Sie scheiterte zumal an dem berühmten Problem der Beziehung von sprachlichen Ausdrücken zu den bezeichneten Gegenständen, an der Frage des Sachbezugs, der Referenz – worunter die Philosophen etwas ganz anderes verstehen als die, ach, noch nicht so überholten Beziehungskisten des 19. Jahrhunderts, heute Vitamin B genannt. Danto meint: »Die gegenwärtigen Theorien des Sachbezugs sind so gedrängt und vielfältig wie trinitarische Reflexionen am Höhepunkt byzantinischer Filologie« (der Philologie der Theologie oder Fadenlehre?). Es werde noch einige Jahrzehnte dauern, bevor die diesbezüglichen Auseinandersetzungen der Analytischen Philosophie »greifbarer, deutlicher und abgestorben sein werden«, meint Danto, denn jetzt, »gerade als das gelobte Land der logischen Form erblickt wurde, vernebelt es sich im Schleier des Sachbezugs, und Philosophen stoßen miteinander zusammen wie Clowns im Nebel. Vielleicht ist daraus etwas Bedeutsames zu lernen«. Stochern wir also weiter mit der Stange im Nebel nach den Gegenständen (in) der Philosophie!

Was kann ich fragen?

Man hat immer wieder versucht, die Philosophie auf einen bestimmten Begriff zu bringen, die Aufgabe der Philosophie durch eine zentrale Aufgabe zu definieren. Etwa die griechischen Naturphilosophen verstanden darunter die Suche nach dem Urgrund und dem Urstoff der Welt und des Seins. Man hat versucht, Philosophie sozusagen als die Suche nachder Erkenntnis des Ganzen zu definieren oder als die Suche nach den letzten Gründen, nach den ersten Ursachen, nach dem ersten Beweger: Philosophie als Disziplin, die die ersten Prinzipien des Erkennens, des Handelns, des Wertens analysiert – oder wie etwa Kant versucht, das Feld der Philosophie in anthropologischer Umschreibung durch bestimmte Fragen zu definieren. Er sagt, das Feld der Philosophie läßt sich auf folgende Fragen bringen: 1) Was kann ich wissen, oder was können wir wissen? 2) Was soll ich tun? 3) Was darf ich hoffen? (Frage nach der Unsterblichkeit), 4) Was ist der Mensch? Die erste Frage beantwortet die Metaphysik, die zweite die Moral, die dritte die Religion und die vierte die Anthropologie.

Kant rührt Senf an
(Zeitgenössische Karikatur)

Im Grunde aber könnte man alles dies zur Anthropologie rechnen, weil die ersten drei Fragen in der letzten enthalten seien. (Der Philosoph muß nach Kant also erstens die Quellen des menschlichen Wissens, zweitens den Umfang des Wissens und endlich die Grenzen der Vernunft bestimmten können. Das letzte aber sei das Nötigste, jedoch auch das Schwerste, um das sich aber der »Philodox«, also der Liebhaber bloßer, nicht begründeter Meinungen, nicht

bekümmert.) Der Philosoph aber soll sich selbst dann nicht vom »Philodox« beeindrucken lassen, wenn sein Name und seine eigenen Thesen als Klischee-Zitate in dessen Spruchsammlung aufgenommen werden. Dies sei – meint Goethe in seiner »Denkmünze auf Kant« (Xenien Manuskript) – dem Großen aus Königsberg selbst nicht erspart geblieben: »Sieh! Das gebändigte Volk der lichtscheu muckenden Kauze
Kutscht nun selber, o Kant, über die Wolken dich hin.«

Diogenes in Bonn?

Das Humane zu suchen soll der Philosoph nicht nachlassen – wie Diogenes von Sinope, dem Erich Fried das schöne Gedicht widmete:

»Warum Diogenes
in seinen reiferen Jahren
unabhängig sein wollte
von jedem Gebrauchsgegenstand

verrät ein frühes Fragment
aus der Zeit seiner großen Suche
vor dem Rückzug
in das bekannte Faß:

›Ich suche eine Laterne
um Menschen zu suchen
Drum suche ich Menschen
die mir die Laterne leihen

Aber dazu
brauche ich eine Laterne
um sehen zu können
wer eine Laterne hat‹.«

Doch was nützte ein Diogenes heute in Bonn – mit Tonne und Laterne, aber ohne Ausweis? Peter Bamms Erzählergewährsmann geht »mit Pallas Athene jede Wette ein, daß wenn sie den Diogenes persönlich auf die Agora (den Jahrmarkt der Eitelkeiten) unserer Intelligenz schickte, man der Weisheit nicht einmal eine Tonne genehmigen würde«. Und wie wenig erst beim Auftrieb der Mächtigen – etwa im Bundestag oder auf den Regierungsbänken. Alexander hatte sich herausbemüht, Diogenes bei der Tonne besucht, hatte erstaunt gelernt dabei, »daß zwar die Macht der Weisheit, die Weisheit aber nicht der Macht bedürfe«[35] (was heutige Intellektuelle vielfach vergessen haben). Und die Politiker bei uns? »... leider hat man nichts davon gehört, daß die Macht ihren Palast verlassen habe, um sich von einem Narren belehren zu lassen« – weder von einem shakespeareschen noch von einem philosophischen, obwohl man das Wort ›Philosophie‹ so viel, o Sophie, im Munde führt (»Abschreibungsphilosophie« und andere schreckliche Begriffe s. o. S. 85). Sic transit gloria philosophiae. Es wird lange währen, bis das sich ändert. Laterne hin – Laterne her: Diogenes ad portas? Nach Hugo Ball war »jener Philosoph, der mit der Laterne nach Menschen suchte, ... bei weitem nicht so schlimm dran wie wir heute. Man hat ihm weder die Laterne noch sein eigenes Licht ausgeblasen. Man hatte die witzige Bonhomie, ihn suchen zu lassen.«

Der philosophische Hase

Jedenfalls sieht man – im Spiegel aller zitierten Aphorismen zur Philosophie –, für das Schwerste (nicht nur nach Kant) braucht man einen langen Atem.
»Der Gruß der Philosophen untereinander sollte sein: ›Laß Dir Zeit!‹« – sollte so zu guter Letzt Wittgenstein recht

behalten? »Fortschritt bedeutet, heute auf Fragen keine Antwort zu wissen, die man gestern noch nicht gestellt hat«, meint der schon erwähnte Jungaphoristiker Ralf Bülow. Und was besagt das Nestroy-Zitat bei Wittgenstein dagegen?: »Überhaupt hat der Fortschritt das an sich, daß er viel größer ausschaut, als er wirklich ist.« Auch in der Philosophie? Wie steht es dort? »Mit jedem Schritt, den die Philosophie nach vorn tut, streift sie eine Haut ab, und mit dieser kleiden sich die Narren«, meinte Kierkegaard. Doch lassen wir Wittgenstein selbst das vorletzte Wort:

> »Im Rennen der Philosophie gewinnt,
> wer am langsamsten laufen kann.
> Oder: der, der das Ziel zuletzt erreicht.«

Was hilft da noch der Rat des postmodernen Dichters Bob Perelman: »Run in front of your shadow!« Gleicht das Rennen der Philosophie nicht dem zwischen Hasen und Igel? Doch der Igel ist stachelig und immer schon angekommen.

Wohler fühle ich mich doch in der Läuferrolle von Wittgensteins Hasen (weder Ente noch Igel): »Ick bün – noch nich all hier!«[36]

Anmerkungen

1 »Wenn ein Löwe sprechen könnte, wir könnten ihn nicht verstehen«, heißt ein geheimnisumwitterter Satz bei Wittgenstein. Weil der Löwe unsere Lebensform, unser Handlungssystem nicht teilt? Doch teilt er diese zum Teil durchaus. Er frißt und macht den ersten Schritt vor dem zweiten. »Gut gebrüllt, Löwe!« Ist das nicht die Projektion eines Teilverstehens? Wir verstehen nur zum Teil, was Verstehen ist ...

2 »Gott schuf den Menschen nach seinem Bilde, sagt die Bibel, die Philosophen machen es gerade umgekehrt, sie schaffen Gott nach dem ihrigen.« (Lichtenberg) Nur die Philosophen? Hatte nicht schon Xenophanes erkannt: »Doch wenn die Ochsen und Rosse und Löwen Hände hätten oder malen könnten ..., so würden die Rosse roßähnliche, die Ochsen ochsenähnliche Göttergestalten malen ...«

3 Traf Kierkegaard nicht allgemeiner den Kern der Sache, wenn er den Eindruck gewann: »Die Menschen scheinen die Sprache empfangen zu haben, nicht um die Gedanken zu verbergen, sondern um zu verbergen, daß sie keine Gedanken haben«? »Keinen Gedanken haben und ihn ausdrücken können – das macht« nach Karl Kraus nicht den Philosophen, sondern »den Journalisten«. Daß er nichts zu sagen hat, sagt dieser manchmal elegant. Daß er das Nichts zu sagen hat, sagt jener allzu kompliziert. (Dabei ist es so einfach: »Das absolute Nichts ist ein Loch, dem die Umgebung fehlt«, meint W. M. in der *Süddeutschen Zeitung* – ein schwarzes Loch des Geistes sozusagen! Es saugt alles in sich hinein.)
Robbe-Grillet, Theoretiker und Praktiker des Nouveau Roman, verallgemeinerte sogar: »Der echte Schriftsteller hat nichts zu sagen.« Der echte Denker auch nicht? Die idiomatische Doppeldeutigkeit, die der Satz im Deutschen annimmt, war der Übersetzerin offenbar nicht klar.

4 Zur Erläuterung ein Text des Philosophen selbst: »Die Vierung west als das ereignende Spiegel-Spiel der einfältig einander Zugetrauten. Die Vierung west als das Welten von Welt. Das Spiegel-Spiel von Welt ist der Reigen des Ereignens. Deshalb umgreift der Reigen auch die Vier nicht erst wie ein Reif. Der Reigen ist der Ring, der ringt, indem er als das Spiegeln spielt. Ereignend lichtet er die Vier in den Glanz ihrer Einfalt. Erglänzend vereignet der Ring die Vier überallhin offen in das

Rätsel ihres Wesens. Das gesammelte Wesen des also ringenden Spiegel-Spiels der Welt ist das Gering. Im Gering des spiegelnd-spielenden Rings schmiegen sich die Vier in ihr einiges und dennoch je eigenes Wesen. Also schmiegsam fügen sie fügsam weltend die Welt.«
– Und ein ergänzender Kommentar:
»Fastnacht in der Existenzphilosophie«
(aus dem Freiburger Narrenblatt 1954), der freilich von einem anderen denkerischen Ge-ring(e) eines anderen Denkers handelt: eines unbekannt und ohne Lehrstuhl gebliebenen Assistenten des Meisters? Aber gibt's denn etwa einen solchen?
»Der weit über Deutschlands Grenzen hinaus bekannte und in unserer Stadt heimische Denker und Mitbegründer der Existenzphilosophie, Professor Maxim Feldweger, hielt zum Auftakt der Freiburger Faßnacht im Auditorium Maximum der Universität einen gründlich stiftenden Vortrag über das Thema ›Faßnacht im denkerischen Denken‹. Schon mehrere Stunden vor Beginn war der Saal so überfüllt, daß der Vortrag in weitere fünf Hörsäle übertragen werden mußte.
Soweit sich die Ausführungen des Redners überhaupt wiedergeben lassen, sei im folgenden eine Darstellung versucht. Wir bringen wörtlich den wesentlichen Teil des Vortrages:
Das Fassende des Faßbaren ist die Nacht. Sie faßt, indem sie übernachtet. So ge-faßt, nachtet das Faß in der Nacht. Sein Wesen ist die Ge-faßtheit in der Nacht.
Was faßt – was nachtet?
Dasein nachtet fast. Übernächtig west es in der Umnachtung durch das Faß, so zwar, daß das Faß-bare im Ge-faßt-werden durch die Nacht das Anwesen des Fasses hütet. Die Nacht ist das Faß des Seins. Der Mensch ist der Entberger und Hüter des Fasses. Dies ist seine Ver-fassung. So zwar entbirgt sich dem Dasein als sein Existenzial des Über-die-Welt-hinaus-Sein das Ge-faß. Das Fassende des Fasses aber ist die Leere, nicht die Leere das Faß. Sie fügen einander wechselweise in ihr Faßbares. Im Erscheinen des Fasses als solchem aber bleibt das Faß selbst aus. Es hat sein Bleibendes in der Nacht. Die Nacht übergießt das Faß mit seinem Bleiben. Aus dem Geschenk dieses Gusses west die Faß-nacht. Es ist un-faß-bar.«

5 Viel schöner ist natürlich die leider noch nicht allgemein akzeptierte Definition des Philologen: »Der Philologe ist ein Mann, der, auf dem Grimmschen Gesetze reitend, eine flüchtige Silbe über Umlaute und Ablaute hinweg bis in die von

einem schwachen Echo widerhallenden Schluchten des Himalaya hinein verfolgt« (R. G. White). Analog könnte man eine Unterart der Philosophen bestimmen: »Der Moralphilosoph ist ein Mann, der, auf dem Pegasus des Kategorischen Imperativs reitend, eine jede Handlung durch Motive, Triebe, Triebfedern hindurch mit seiner Feder triebhaft in die eisigsten Höhen der Abstraktion verfolgt, bis er ein schwaches Lebenszeichen der längst verstorbenen Yeti-Art, genannt freier Wille, guter/böser Wille, findet und diesen als Rechtfertigungs- oder Aburteilungsgrund zuschreiben und den Handelnden verantwortlich nennen kann.«

6 Immerhin läßt sich Murphys berühmtes Gesetz »Whatever can go wrong will go wrong« selbstreflexiv-murphologisch anwenden, denn Murphys Gesetz fällt durchaus unter die weite Kategorie des »Whatever«: »If Murphy's Law can go wrong, it will go wrong!«

7 Doch schon der Dadaismus erkannte nach seinem Chefideologen Hugo Ball, »daß die Welt der Systeme in Trümmer ging und daß die auf die Barzahlung drängende Zeit einen Ramschausverkauf der entgötterten Philosophien eröffnet hat«. Gilt das auch für Wahnsinnssysteme – gar für philosophische? Oder ist nicht doch das Philosophieren das trotz Erfolglosigkeit beharrliche individualistische Vernunftdenken gegen jeden Kollektivirrsinn?

8 Ein weiteres Poster läßt einen sinnend zurückgelegten Schimpansen sagen: »Just when I knew all of life's answers, they changed all the questions!«

9 Nach Schopenhauer ist der Mensch zwar frei, zu tun, was er will, aber nicht, zu wollen, was er will. Auch Robert Musils Ulrich faßte die Eigenmotivation, »diese Willensfreiheit«, als »die Fähigkeit des Menschen, freiwillig zu tun, was er unfreiwillig will«.

10 »Das wissenschaftliche Wissen kann nicht wissen und wissen machen, daß es das wahre Wissen ist, ohne auf das andere Wissen – die Erzählung – zurückzugreifen, das ihm das Nicht-Wissen ist . . .«; daher folgert und fordert der philosophische Starpostmodernist Lyotard »die Rückkehr des Narrativen in das Nichtnarrative«, die Wiederauferstehung, Neuanerkennung der kleinen lokalen Geschichten, erzählenden Rechtfertigungs-»Diskurse«. Discours oblige, dissentiment oblige – vivent les différences!
»I'll teach you differences«, wollte auch der späte Wittgenstein

– der erste postmoderne Philosoph? – seinen *Philosophischen Untersuchungen* als Motto voranstellen. F. Jameson stilisierte die »Heterogenität« und »fundamentale Diskontinuität« postmoderner Kunstwerke in dem Schlagwort: »Differenz verbindet«. Über und im Dissens nur besteht Einigkeit. Die Paradoxie der Postmoderne?

11 Ähnlich wie jener amüsante eines bekannten altgermanistischen Exkollegen, der aus dem Sprichwort flugs erschloß: »Wenn ›Müßiggang aller Laster Anfang‹ ist, dann muß folgerichtig Fleiß Ursprung aller Tugend sein – was ebenso unsinnig ist, wie es in einer durch Konkurrenz und Rivalität bestimmten Sozietät eingängig klingt« (*Zeit*, 25/1974); so also schloß er palmströmisch »messerscharf, daß nicht sein kann, was nicht sein darf«. »Aber, aber, mein Kind«, ermahnte die Herzogin Alice, »alles hat seine Moral, man muß sie nur herausfinden.«

12 Sokrates soll nach Platons *Gastmahl* (220) im Felde vor der Schlacht von Potidaia (432) einen ganzen Tag und eine ganze Nacht auf der Stelle stehend nachgedacht haben – ohne jede Bewegung: »In irgendeinen Gedanken vertieft, stand er nämlich vom Morgen an auf demselben Fleck und überlegte, und als es ihm nicht gelingen wollte, gab er nicht nach, sondern blieb nachsinnend stehen. Inzwischen war es schon Mittag geworden; da merkten es die Leute, und verwundert erzählte es einer dem anderen, daß Sokrates schon seit dem Morgen dastehe und über etwas nachdenke. Schließlich, als es schon Abend war, trugen einige von den Ioniern, als sie gegessen hatten, ihre Schlafpolster hinaus (damals war es Sommer); so schliefen sie in der Kühle und konnten gleichzeitig beobachten, ob er auch in der Nacht dort stehen bleibe. Und er blieb wirklich stehen, bis es Morgen wurde und die Sonne aufging. Dann verrichtete er noch sein Gebet an die Sonne und ging weg.«
Wittgenstein dagegen forderte Beweglichkeit: »Es ist für mich wichtig, beim Philosophieren immer eine Lage zu verändern, nicht zu lange auf *einem* Bein zu stehen, um nicht steif zu werden. Wie, wer lange bergauf geht, ein Stückchen rückwärts geht, sich zu erfrischen, andere Muskeln anzuspannen. Lockerungsübungen des Körpers *und* des Geistes ...«

13 Herr Keuner, der nicht ganz unphilosophische Gewährsmann Brechts, sieht das anders: »Als die Sophisten vieles zu wissen behaupteten, ohne etwas studiert zu haben«, sagte er, »trat der Sophist Sokrates hervor mit der arroganten Behauptung, er

wisse, daß er nichts wisse. Man hätte erwartet, daß er seinem Satz anfügen würde: denn auch ich habe nichts studiert. (Um etwas zu wissen, müssen wir studieren.) Aber er scheint nicht weitergesprochen zu haben, und vielleicht hätte auch der unermeßliche Beifall, der nach seinem ersten Satz losbrach und der zweitausend Jahre dauerte, jeden weiteren Satz verschluckt.«

14 Lyotard betont in »Das postmodernde Wissen«, der Philosoph sei kein Experte: »Dieser weiß, was er weiß, und er weiß, was er nicht weiß; jener weiß es nicht. Der eine folgert, der andere fragt, das sind zweierlei Sprachspiele.« (Das erste ist allerdings gar nicht ausgesprochen postmodern oder nur modern.) So trifft also die bekannte Definition des philosophischen Universalisten, des Spezialisten für das Allgemeine, glücklicherweise nicht mehr zu: Der Fachexperte ist jemand, der immer mehr über immer weniger – also am Ende alles über nichts weiß, während der *Universalist* immer weniger über immer mehr, somit letztlich nichts über alles weiß. Und wie steht es mit dem heute so gern herangezogenen *Generalisten*? Ist er eine Kreuzung, Bastard- oder Hybridbildung beider? Etwa einer, der immer mehr über immer mehr wissen sollte? Das ist heute in Personalunion kaum noch möglich.
Ein Grund, weswegen Expertensysteme dringlich gefragt sind: Sie sollten alles über ein Gebiet, im Verbund also alles über alles speichern. Sind sie in Zukunft die eigentlichen »polytechniciens«, die der französische Volksmund bestimmte als Wissende, »die alles wissen – und sonst nichts«? Solange Philosophen noch eine Chance haben, sind wir noch nicht soweit – dem Großen Denken des Denkens (nach Aristoteles: Gott) sei Dank.

15 Wittgenstein, der sprachanalytische Philosoph, würde Woody Allen und Herrn Keuner hier seine Einsicht entgegenhalten: »Es ist richtig zu sagen: ›Ich weiß, was du denkst‹, und falsch: ›Ich weiß, was ich denke.‹ (Eine ganze Wolke von Philosophie kondensiert zu einem Tröpfchen Sprachlehre.)« Der Verdacht richtet sich gegen die Philosophie (der Tätigkeitsworte und der Substantivierungen in) der Ersten Person, gegen die altabendländische Subjektphilosophie und gegen die Verdinglichung innerer Zustände. Zumal die Erfindung des Subjekts erscheint als der entscheidende Sündenfall. Doch solche selbstzentrierten Sünden sind verführerisch. »›Ich‹ benennt keine Person«, meint Wittgenstein. ›Ich‹ ist ein Zeiger-Wort: »Ich spiele es«: Das Wort, das Sprachspiel mit ›ich‹, ›Selbst‹. Ist aber das

Selbst nur eine »eigentümliche Bewegung im Kopf und zwischen Kopf und Kehle«, wie William James ironisierte? Worauf will Wittgenstein hinaus? »Darauf, daß es sehr verschiedene Kriterien der ›Identität‹ der Person gibt.« Das kontinuierliche Spiel mit der Ich-Kontinuität ist zum guten Teil Sprachkonstrukt und Interpretation: »We all invent our pasts, more or less« (John Barth). ›Ich‹: eine postmoderne Widerspiegelung oder Konstruktion, eine geniale Erfindung – der Sprache: ein Spiel der Spiele mit den Worten. Mehr nicht? Das reicht denn doch wohl nicht.

15a Der Präsident der Deutschen Forschungsgemeinschaft, der Biologe und Ökosystematologe Hubert Markl, hat gar den bibliogenetischen Kreislauf entdeckt, »in dem Professoren unermüdlich Bücher lesen, um Bücher zu schreiben, die Professoren lesen, damit sie Bücher für Professoren schreiben können«. Und er fügt hinzu: »Wer möchte überhaupt verkennen, wieviel im akademischen Ökosystem ständig selbststabilisierend im Kreise läuft?« Hier »hängt immer alles mit allem zusammen. Fazit: Es kann einer nichts tun, ohne daß nicht wenigstens ein Kollege daran Anstoß nimmt«. Das klingt fast wie die berühmte Erfindung des Philosophieprofessors (s. S. 49). Zu diesem seltsamen Tier fühlen sich nach Markl auch manche exakten Wissenschaftler hingezogen: »Es sind sogar Fälle bekannt geworden, in denen z. B. Physiker so lange in die Gegenrichtung ihrer Fachentwicklung bohrten, bis sie . . . auf der Gegenseite der Wissenssphäre bei den Philosophen wieder herauskamen, dort selbst, des Werdeganges wegen, teils verspottet, teils bewundert.« Markl faßt all das im zweiten thermodynamischen Hauptsatz der Wissenschaft zusammen: »Bei allen wissenschaftlichen Anstrengungen kommt heiße Luft heraus, im Glücksfall nicht nur sie. Oder mit anderen Worten: Was immer Wissenschaftler tun, die Unordnung im System nimmt dabei immer zu.«

16 Kurz vor seinem Tode schrieb Benn, nicht wie Karl Kraus: »Im Anfang war das Rezensionsexemplar«, sondern: »Im Anfang war das Wort und nicht das Geschwätz, und am Ende wird nicht die Propaganda sein, sondern wieder das Wort« – das *Wort*, das Gottfried Benn andernorts den »Phallus des Geistes« genannt hatte. (War auch Benn ein Vertreter des neuerdings viel verhöhnten »Phallogozentrismus« (J. Drews)?) Eines seiner schönsten Gedichte beginnt: »Ein Wort, ein Satz –: aus Chiffren steigen / erkanntes Leben, jäher Sinn . . .«

Cioran formuliert noch sarkastisch-pessimistischer: »Das Sein ist stumm, und der Geist ist ein Schwätzer. Dies nennt sich Erkenntnis.«

17 Allgemeiner ist »der objektive Grund des Wunsches nach Objektivität« bei Wissenschaftlern Paul Feyerabend zufolge das Streben, »daß man sich andere Menschen vom Leibe halten will«!

18 Hat Wittgenstein – wie schon Sokrates – sich nicht an das altbewährte Gesetz der professionellen Profilierung profilneurotischer – und wer ist das wirklich nicht – Philosophie-Beflissener gehalten: »Si aliquid scripsisses, philosophus mansisses«? (nach Simon-Schaefer und Birnbacher) – nach dem modernen Motto »Ich schreibe, also bin ich. Ich werde gelesen, also bin ich nicht allein« (Marti). Immerhin folgten beide – Sokrates und Wittgenstein, versteht sich – ebenfalls nicht der noch älteren doppeldeutigen Weisheit nach Boëthius: »Si tacuisses, philosophus mansisses!« Büchmann zitiert aus dessen »Trost der Philosophie« (II,7): »Als jemand einen Mann, der den falschen Namen eines Philosophen nicht zur Übung wahrer Tugend, sondern aus hochmütiger Eitelkeit führte, mit Schmähungen angegriffen und hinzugefügt hatte, er werde bald wissen, ob jener ein Philosoph sei (wenn er nämlich die zugefügten Beleidigungen sanft und geduldig hinnähme), da trug der Angegriffene einige Zeit lang Geduld zur Schau. Dann aber fragte er, gleichsam über die erlittene Schmähung höhnend: ›Merkst du nun endlich, daß ich ein Philosoph bin?‹ Darauf sagte der erste recht beißend: ›Ich hätt's gemerkt, wenn du geschwiegen hättest‹ (›Intellexeram, si tacuisses‹).« Mit anderen Worten: »Du wärst ein Philosoph geblieben, wenn du geschwiegen hättest.«

Die Situation, wie sie hier vorliegt, entspricht nicht unserer Anwendung des Wortes. Der Scheinphilosoph des Boëthius verrät den Mangel an wahrer Philosophie durch die Tatsache, daß er sein Philosophentum hervorhebt. Wir dagegen gebrauchen das Wort, wenn jemand die gute Meinung, die wir von seiner wissenschaftlichen Fähigkeit haben, durch eine Äußerung, die ihn bloßstellt, zerstört. Wenn im Eingang der unter dem Namen *Gregors des Wundertäters* (um 210-270 n. Chr.) überlieferten Homilie (Migne, Patr. graec. X, S. 197) von einem Philosophen die Rede ist, der durch Schweigen seine Unkenntnis verbirgt, so trifft das eher den Sinn, den wir heute mit dem obigen Wort verbinden. Auch der heilige *Bernhard*

(† 1153) spielt vielleicht darauf an, wenn er in der Praefatio in librum de diligendo Deo sagt: »ne tacendo philosophus puter« (»Damit ich nicht wegen meines Schweigens für einen Philosophen gehalten werde«). Für heute freilich fordert ein George Mikes die moderne Variante, passend für das »Zeitalter überall grassierender progressiver Publizititis« (ego etiam semper pecco): »Es ist an der Zeit, Denkmäler für Leute zu errichten, die noch kein Buch geschrieben haben.«
Aber für moderne Philosophen, die keine mehr zu schreiben erfolgreich sich entschließen, gibt es ein solches Monument wohl bisher nicht (vielleicht ist die Forderung eine contradictio in libello?) – außer dem literarischen Denkmal, das etwa Hans Richtscheid seinem »Sokrates«, einem pensionierten Gymnasialprofessor aus Mainz, oder das Luciano De Creszenzo seinen Neapolitaner Lebensphilosophen Peppino Russo, Tonino Capone und Gennaro Bellavista in seiner entzückenden *Geschichte der griechischen Philosophie* (Bd. I) setzte. Man lese auch Creszenzos *Also sprach Bellavista* und *Oi Dialogoi.*

19 Hunt meinte in der schon erwähnten Oxforder Zeitschrift *Why?* (Jg. 2 (1959), No. 1.) ebenso treffend, doch positiver: »Philosophical problems have the form: ›What can I say next?‹« Britisches Problembewußtsein angesichts *der* philosophischen Grundfrage zeigt auch folgende Geschichte: »Ein Mann läuft unentwegt im Kreis durch sein Zimmer, rauft sich die Haare und murmelt vor sich hin: ›Where is the answer, where is the answer?‹ Ein anderer beobachtet ihn eine ganze Weile und wendet dann spöttisch ein: ›Where is the question?‹« Die Frage nach der Frage: To ask or not to ask – is that the question – die Hamletfrage nach der sprachanalytischen Wende?

20 Ahnungsvoll dichtete der Philosophie-Assistent Otto Neumaier in seinem Gedicht »Kirchberg oder die Philosophie in den Wechsel-Jahren« (über die alljährlichen Wittgenstein-Kolloquien):

»Seit allen Zeiten
stehn die Kühe wohl
am Ortseingang und
käuen wieder.

Aus allen Ländern
sitzen Philosophen
in der Schule und
so weiter.*

* kauen wieder – ebenfalls?

Sinn ist Gebrauch,
Sinn wird gebraucht
und leicht gebraucht
verkauft.

Der Sinn von Philosophen ist:
Unsinn offenkundig machen.
Nur die besten folgen
Wittgensteins Verlangen.

Der Philosoph als Arzt
verordnet sich Diät
und nährt sein Denken
mit PU.

Dies Sprachspiel sah LW
voraus. Umsonst sprach er:
›Philosophie dürfte man
eigentlich nur DICHTEN.‹

»Wenn du Philosoph sein willst, schreib Romane«, notierte der junge Albert Camus – noch vor der Erfindung des narrativ-fiktionalen Philosophierideals belletristischer Philodoxer. (Übrigens: Mit »PU« ist nicht der Held des früher – zur Nachwindelzeit meiner Kinder – bekannten Buches ›Pu der Bär‹ gemeint, sondern Wittgensteins ›Philosophische Untersuchungen‹, und ›LW‹ dürfte deren Autor selbst bezeichnen – nicht etwa ›Luftwiderstand‹, ›logische Wahrheit‹ oder ›Leopold von Wiese‹.)

21 So sah schon der ironisch-scharfsinnige Philosophiekritiker Lycinus bei Lukian – als Sprachrohr seines Autors – den philosophischen Helden Hermotimus durch die philosophische Beschäftigung verfallen: ». . . seitdem ich dich nichts anderes tun sehe als die Schulen der Philosophen zu besuchen, deine meiste Zeit über Büchern gebückt zu sitzen und alles, was du bei deinen Lehrern gehört hast, in großen Heften niederzuschreiben. Dafür siehst du aber auch so blaß aus und bist nichts als Haut und Knochen. Nicht einmal die Ruhe des Schlafes scheinst du dir zu gönnen, so ganz lebst du in diesen Dingen.« Lycinus zerredet erfolgreich Hermotimus' Hoffnungen auf philosophische Glückseligkeit: Sie wäre nur in zweihundertjähriger Durchprüfung aller Philosophenschulen zu ermitteln und nicht einmal garantiert (wer garantiert die Wahrhaftigkeit der Garanten – und wieder des Metagaranten usw. usw.?). 200

oder allermindestens 150 Jahre sollte man schon im Altertum benötigen – heute müßten dann – proportional zur Zahl der philosophischen Seiten und Schulen – ca. 3333 erforderlich sein. Wer kann sich die Zeit schon nehmen? So landet man nach Lycinus außer beim halbherzig-fruchtlosen Losentscheid zwischen philosophischen Richtungen schließlich bei dem Vorschlag für »eine sichere Wahl«: Einmal angenommen, daß »du zuvor alle philosophischen Schulen und jede ganz kennengelernt hast, so sehe ich nur einen, der dir helfen kann: den Wahrsager. Das ist der kürzeste Weg, ohne alle Umschweife und Verzögerungen hinter die Wahrheit zu kommen. Du läßt einen Zeichendeuter rufen, und sobald du ein Hauptstück gehört hast, schlachtet er dir ein Opfertier, und ein Gott erspart dir unendliche Mühe und Sorgen, indem er in der Leber des Opfers zeigt, was du zu wählen hast.« Immerhin schlug Lycinus nicht vor, Philosophen zu opfern und in deren Gehirnen nach der Wahrheit zu suchen. Doch bis zum bloßen Opfern von – und sei es liebgewonnenen – Hypothesen nach Karl Raimund Poppers Rezept, »daß an unserer Stelle unsere Hypothesen sterben«, ist Lukian noch nicht vorgedrungen (obwohl schon Aristoteles und noch 500 Jahre früher die altindischen Jaina-Philosophen Poppers Hypothesenkritizismus vorweggenommen hatten). Moral von der Geschichte: Absolute Sicherheit ist (absolut?) nicht zu haben. Und so verzweifelt Hermotimus auch – etwas zu plötzlich, finde ich; doch das gebieten die Gesetze der philosophischen Komödie – an seinem philosophischen Lebenswandel, gibt den Stoizismus und das philosophische Streben/Leben auf: »Wenn ich künftig jemals wieder einem Philosophen von Beruf auf der Straße begegne, werde ich mich von ihm wegwenden und ihm aus dem Wege gehen wie einem tollwütigen Hunde.«: Denker von Profession – auch werdende – haben es doch schwer!

22 Wohlgemerkt: Arbeit des *Begriffs*, nicht wirkliche Arbeit nach halbgesundem Menschenverstand. Hatte nicht Marx den Menschen selbst als das arbeitende Wesen charakterisiert – und nicht etwa als das philosophische Tier oder den ideologischen Affen, das symbolische Wesen (Cassirer)? Gabriel Laub erkennt in seinem Essay »Das Geschäft des Philosophen« (1984) als den »ersten Grundsatz eines Philosophen, nicht zu arbeiten«: »Die einzige Arbeit, die sie – die Philosophen – haben, ist, eine gute Begründung für ihr Nichtstun auszudenken. Dies dürfte ihnen nicht schwerfallen, Denken gehört ja zu ihrem

Beruf.« Der prominente, angeblich witzige amerikanische Comic-Kater Garfield sieht es wohl auch so, heißt es doch von ihm: »Garfield schläft sich durch: frech, fett, faul und – filosofisch«. Moderner, analytisch scharf, frühwittgensteinianisch philosophierte dagegen *Snoopy* (s. folgendes Bild). Im Gegensatz zu Garfield und Laub bin ich, werde ich wohl nie ein Philosoph: »Es geht bergab mit mir. Ich schaffe bereits aus innerer Notwendigkeit« (auch Laub). Oder genüge ich doch diesem ersten Grundsatz, wie mein vierjähriger Sohn es einst sah: Am Telefon befragt: »Ist dein Vater da? Arbeitet er?«, antwortete er: »Nein! Der sitzt nur in seinem Zimmer und unterstreicht in Büchern!«

22a Ludwig Marcuse, der illusionslose Sophobelletrist und Pessimist der Reife, urteilte realistischer: »›Leben und Philosophieren ist nicht zweierlei ... nicht einmal immer bei Philosophieprofessoren.‹ ... Der berühmte Satz ›Erst leben, dann philosophieren‹, macht aus dem Philosophieren einen Luxus, der nicht zu verachten ist. Nur steht es nicht so paradiesisch um den Menschen, daß er sich Philosophieren (nur, H. L.) als Luxus leisten kann.« Soweit der pessimistische Autor der *Unverlorenen Illusionen*, der wohlproportioniert eine *Philosophie des Glücks* und eine *Philosophie des Un-Glücks* in ein und demselben Verlag (der auch noch »Diogenes« heißt) veröffentlichte. Für jeden etwas: süße oder sauere Milch, nach Wahl – und nach Romeos schon zitiertem Satz bei Shakespeare: »Des Unglücks süße Milch, Philosophie«! Was aber ist des Glückes sauere Milch? Ein postmodernes philosophisches Problem.

23 Übrigens meinten meine Bootskameraden fälschlich, ich hätte erst dann mit dem Philosophieren begonnen, als ich, die sogenannte Bugnudel, die Witze im Mittelschiff des Achters nicht mehr verstanden hätte. – Als ich Bücher über Semantik während der Regattareisen las, hieß es: »Er hat 'nen Seemanntick!« – Doch auch die andere Seite, die philosophische, blieb zum Teil verständnislos – in umgekehrter Richtung. Sagte doch ein Altordinarius, als ich für eine Berufungsliste diskutiert wurde: »Wir wollen doch einen Philosophen berufen – und keinen Olympioniken!«

24 Soll doch Sokrates gesagt haben: »Heiratet auf jeden Fall! Kriegt ihr eine gute Frau, dann werdet ihr glücklich. Kriegt ihr eine schlechte, dann werdet ihr Philosophen, und auch das ist nützlich für einen Mann.«

SNOOPY PHILOSOPHIERT

TEXT: L. WITTGENSTEIN + P. STRA

25 ἰδιώτης heißt eigentlich Privatmann, ist hier wohl als auf äußerliche Dinge bedachter Flachkopf zu denken. Karl Kraus betont jedoch: »Ein Schein von Tiefe entsteht oft dadurch, daß ein Flachkopf zugleich ein Wirrkopf ist.« Allen Philosophen fremd? »Schlägt dir die Hoffnung fehl, nie fehle dir das Hoffen« (Rückert). Doch zwinkert die sprichwörtliche russische Volksseele mit den schwarzen Augen: »Hoffnung ist ein Seil, auf dem viele Narren tanzen.«

26 Erfolge rationalen Vorgehens führt auch der Neodadasoph Paul Feyerabend nicht etwa auf systematische Abstraktionen zurück: »Erfolge treten ein, nicht weil man sich an die Vernunft gehalten hat . . ., *sondern weil man vernünftig genug war, unvernünftig vorzugehen.*« (»Erfolg ist auch nur Zufall«, erkannte Thomas Bernhard.)

27 »Ich habe schon lange gedacht, die Philosophie wird sich noch selbst fressen. – Die Metaphysik hat sich zum Teil schon selbst gefressen«, meint Lichtenberg als Zeitgenosse Kants. Der sogenannte »Alleszermalmer« – ein Protagonist des Kannibalismus der Metaphysik? Wenigstens nicht der Philosophie allgemein! Über Lichtenbergs Satz urteilt Ludwig Marcuse, der Satz enthalte »eine der wenigen ganz großen Wahrheiten, welche sie (die Philosophie) im Jahrhundert ihrer Selbstzerfleischung hervorgebracht hat: Aber diejenige, die frißt, ist auch noch am Leben, sonst könnte sie nicht fressen.«

28 Moderne Managementstrategien verwendet man demgegenüber heute an der Universität (dieser unitären Illusion der Multiversen, einem »Ort, an dem man keinen Schritt tun kann, ohne jemandem auf die Zehen zu treten. Oder ist das eine Definition des Universums?« fragte der Kritiker Kenneth Burke) und in Philosophieinstituten (Einrichtungen für verbeamtete Gedankenreproduzenten mit oder ohne Denkzwang à la Voltaire: »Was uns betrifft, ihr Herren, so pflegen wir, was andere dachten, sorgsam zu bekritteln, doch fehlt das Denken uns aus eigenen Mitteln«). Institutsdirektoren folgen gern den Regeln des »Management by helicopter«: »Über allem schweben, von Zeit zu Zeit auf den Boden kommen, viel Staub aufwirbeln, Lärm machen und dann wieder abheben/abhauen.« Frischberufene Ordinarien bevorzugen freilich das »Management by the Holy Three Kings«. Die Dreikönigsphilosophie der Ordinarienberufung, also der Zephir-Gattung (Zephir ist – laut Duden – ein sanft säuselnder (Süd-)Westwind oder ein Baumwollstoff in Leinwandbindung: der Stoff,

aus dem der Ordentliche Professor ist, von dem man bekanntlich nichts Außerordentliches erwarten darf – ebensowenig wie etwas Ordentliches von einem Außerordentlichen Professor), lautet: »Sie erhielten einen Ruf, nahmen an, kamen eilend, verteilten die Lasten auf Esel und gingen auf Reisen.« Oft werden mit dieser Strategie diejenigen des »Management by Jet-set-conference-hopping« à la Arthur Koestlers »Die Herren Call-Girls«, dem Alpbach-Report oder des »Management by Intercity-workshopping-hopping« verbunden. Letzteres wiederum kombiniert sich nahezu zwangsläufig mit dem »Management by progressive proceedings publications«, wobei der Wissenschaftlhuber, Spagatprofessor oder Interkontinentalphilosoph von anderen verfaßte Tagungsbeiträge mit einer höchst eigenen Einleitung als Eigenleistung zwischen flexible Buchdeckel integriert und flugs ediert. In der Philosophie läßt man meistens noch nicht forschen, sondern gibt noch selbst heraus und an. Bisweilen kratzt man sich am Hinterkopf, man denkt noch selbst, »von Hand«. – Glücklicherweise hat sich in den Universitäten noch nicht das in anderen Verbänden repräsentative »Management by Bluejeans« (»An den wichtigsten Stellen sitzen Nieten!«) ausgebreitet, auch nicht das statt des geeigneten »Management by Champions« bei Sportverbänden (die von der Erfahrung alter Meister zehren könnten) so beliebte »Management by Champignons«: »Die Mitarbeiter im Dunkeln lassen und mit Mist bedecken; wenn sich Köpfe zeigen, diese abschneiden.« Soweit der Exkurs zur modernen Management-Philosophie, der natürlich ad libitum ausgedehnt werden könnte. Neuerdings gehört die Vokabel ›Philosophie‹ schon zum Schickimicki-Jargon, wie ein diesbezügliches Wörterbuch behauptet.

28a Philosophische Fähigkeiten dürften künftig wieder wirtschaftsrelevanter werden. Inserierte doch neulich eine Consulting-Gruppe für die Position eines Consultant für Unternehmensstrategie mit der Angabe klassisch-philosophischer Fähigkeiten als Anforderungen: »Bei uns sind Ihre intellektuelle Leistungsfähigkeit, Initiative und Vielseitigkeit entscheidend. Denn als Consultant für Unternehmensstrategie müssen Sie vieles in einem sein: kreativer Analytiker, universeller Spezialist, Einzelkämpfer mit Teamgeist, Logiker mit Intuition, abgeklärter Enthusiast, metaphysischer Praktiker, kritischer Optimist, Denker und Macher, und noch einiges mehr. – Sie sollten ein hervorragendes Examen haben und über sehr gute

Englischkenntnisse verfügen. Wenn Sie interessiert und nicht älter als 32 Jahre sind, schicken Sie Ihre Bewerbungsunterlagen an ...« Also Philosophen wieder an die Wirtschaftsfront!

29 Übrigens ließ sich diese philosophische Erkenntnis auch in der empirischen Theorie der Seele (= »dasjenige, was sich nichtreflexiv intentional verhält, insofern es Welt hörend vernimmt, und was reflexiv intentional sich verhält, insofern es sich selbst lauschend vernimmt«) bestätigen: Der große Psychologe Ernst-August Dölle erkannte mittels seines seelenlogischen Ansatzes: »Nicht der Mittag, sondern der Abend ist die Zeit des Seelenkundlers« (vgl. Herrmann 1974, S. 57, 54).

30 In einem unveröffentlichten Manuskript zur hermeneutischen »Jokologie« beschreibt Simon-Schaefer seinen Fund (den er dem »gleichen haarsträubenden Zufall« wie Umberto Eco seinen Bericht über William von Baskerville – alias Wilhelm von Ockham – verdankt) von Dantes Notizen über künftige Infernos und besonders Hegels Höllenstrafe: »Hegel sitzt auf einem Stuhl, umgeben von allen Hegelianern, und diese Hegelianer verstehen ihn unablässig. Um das als Strafe begreifen zu können, muß man das philosophische Verstehen kennen. Während im normalen Leben Menschen, die einander verstehen, nicht viele Worte machen müssen – häufig genügt ein einziges: ›Klopstock‹ – oder sogar ohne Worte auskommen, vollzieht sich philosophisches Verstehen nur in der Sprache und ist abhängig von der Menge der dabei verwendeten Wörter. Ein Philosoph, der versteht, hört nicht, sondern redet. Im Reden wiederholt er den Gedanken seines Gesprächspartners, legt ihn aus, kritisiert ihn natürlich. [...] Philosophisches Verstehen ist geräuschvoll. Es herrscht also ein Höllenlärm, wenn Hegel von allen seinen Anhängern gleichzeitig verstanden wird und die einzelnen Schulhäupter, die Vorsitzenden der verschiedenen Hegel-Gesellschaften, ihn und sich untereinander hermeneutisch angiften. Hegel ist diesem Interpretationsinferno wehrlos ausgeliefert, denn seine Hände sind gefesselt, so daß er sich nicht die Ohren zuhalten kann (also das negative Gegenbild zu Odysseus' Erlebnis bei den Sirenen, H. L.). Und so ist er also gezwungen, sich von links, von rechts, von vorne und von hinten, also unter sämtlichen Aspekten auslegen zu lassen. Ab und zu darf er allerdings – als Strafmilderung – sich anhören, was Antihegelianer über ihn verbreiten. Da deren Mißverständnis viel simpler ist als dasjenige der Hegelianer, kann er sich dabei ein wenig erholen.«

Ein Sisyphos der Verstehensversicherungen. Der arme Hegel! Das hat er nicht verdient. Dante hätte die künftigen Infernos in fairerer Form voraussehen können. Die Hölle für den Philosophen sind (ganz im Sinne Sartres) die anderen – Philosophen. Wo bleibt da aller posthume gerechte Ausgleich von Glückseligkeit und Glückwürdigkeit, den Kant bekanntlich als das höchste Gut ansah? Warum soll der sich zeit seines Lebens redlich um die Analyse der Sittlichkeit bemühende Philosoph unter die hermeneutischen Haie geraten – und gar Hegel vor die Rachen der Hegelianer? Die Rache ist höllisch ungerecht.

31 Rehder kritisiert mit einigem Recht Schopenhauers arrogante Polemik. Was unter Philosophen üblich war, entsprach nicht immer dem feinen Stil der Grandseigneurs des Geistes: »Man denke nur, um bei den Philosophen zu bleiben, an die Höhe des absoluten Selbstbewußtseins, mit dem die Spekulativen auf die übrigen Menschenkinder herabblickten, die bloß mit dem Verstand an die Dinge heran könnten. Oder auch Schopenhauer, der aus seiner Universitätslaufbahn, wenn sonst nichts, so doch einen Hochmut von Hegelscher »Gediegenheit« in seine Einsamkeit mit hinweggenommen und auf zahlreiche Nachfolger im Gebiet der »unzünftigen« Philosophie vererbt hat; das absolute Selbstbewußtsein umgibt hier das eigene Haupt statt mit der Professorengloriole mit ein wenig vom Schimmer der Märtyrerkrone: ein Wahrheitszeuge tauge freilich nicht zum Philosophieprofessor. So gehen die verwehten Samen des akademischen Hochmuts auch jenseits ihrer Umzäunungen auf.«

Drastischer und plastischer formulierte Lichtenberg: »Als er eine Mücke ins Licht fliegen sah, und sie nun mit dem Tode rang, so sagte er: Hinunter mit dem bittren Kelch, du armes Tier, ein Professor sieht es und bedauert dich!«

31a Der Wiener-Kreis-Leiter der Gründergeneration, Moritz Schlick, sah es ebenso: »Die Philosophie hat immer zu suchen versucht, wo es kein Suchen gab. Und wie soll man finden, wo man nicht einmal suchen kann?«

32 Was haben die Möchtegern-Weltveränderer äußerlich schon verändert? Außer freilich den Marxisten, den auf Plattfüße gestellten Hegelianern. Ist auch die Welt nur eine Variante verschiedener Interpretationen, *eine* Alternative – nicht einmal mehr die beste aller möglichen Welten? Oder gibt es gar real verschiedene Universen jenseits unseres Ereignishorizonts, wie der geniale, junge und schwerstbehinderte Physiker

Hawking meint –, Entdecker der Dynamik Schwarzer Löcher und Miterfinder des »anthropischen Prinzips«? »Die Dinge sind, wie sie sind, weil wir sind.« Entdecken die Physiker als heuristisch-erklärendes Prinzip mühsam wieder, was die erkenntnistheoretischen Idealisten lange schon behaupteten und die analytischen Philosophen als Erklärungsprinzip ad acta legten?

32a Moore wollte Kants Beweis für die Existenz von Dingen außer uns, den er mit Recht für ungenügend hält, ersetzen durch einen »vollkommen strengen Beweis«: »Ich kann jetzt z. B. beweisen, daß zwei menschliche Hände existieren. Wie? Indem ich meine beiden Hände hochhebe, und mit der rechten Hand eine bestimmte Geste mache und sage: ›Hier ist eine Hand‹, und dann hinzufüge, wobei ich mit der linken Hand eine bestimmte Geste mache: ›Hier ist noch eine‹.« – Anderswo meint er überzeugend: »Was meiner Meinung nach ernstgenommen werden muß und worüber man wirklich seine Zweifel haben kann, ist nicht die Frage, ob dies ein Finger ist oder ob ich weiß, daß es einer ist, sondern die Frage, *was* ich in gewissen Hinsichten weiß, wenn ich weiß, daß dies ein Finger ist.«

33 Menschlichkeit und Gerechtigkeit als allgemeine soziale Leitideen sind natürlich viel älter – Tschuangtses Fabel zufolge wollte Kungtse (Konfuzius) Laotse seine klassisch gewordenen Bücher überreichen. Auf dessen Frage nach dem wesentlichen Gehalt antwortete Kungtse: »Sein Glück mit anderen zu teilen und die ganze Menschheit ohne Parteilichkeit zu lieben – das ist das Wesen der Menschlichkeit und Gerechtigkeit.« »Ach«, erwiderte Laotse, »Ihr sprecht ja wie ein Prophet. Ist es nicht widersinnig, von Liebe zur ganzen Menschheit zu sprechen? ... Warum wollt Ihr nicht ... einfach den natürlichen Neigungen Eures Charakters und den Gesetzen des Tao folgen? Warum erzeugt Ihr solch eine Unruhe und haltet das Banner der Menschlichkeit und Gerechtigkeit empor wie einer, der seinen Sohn verloren hat und die Trommel schlägt, um ihn zu suchen? Ach, ich fürchte sehr, daß Ihr die Natur des Menschen nur stört.« Nach Tschuangtse, dem begeisterten Taoisten, müßte Kungtse das später eingesehen haben, da er bei einem späteren – ebenso fiktiven – Besuch gestand: »Lange habe ich mich nicht in der allgemeinen Menschlichkeit verloren, aber wie kann man Menschlichkeit lehren, ohne sich in der Menschheit zu verlieren«? Nur, indem man versucht, sich an einzelne hinzugeben. »Jetzt habt Ihr es«, sprach Laotse ...

34 Es wäre ein kritisch-konstruktivistisches Forschungsprogramm wert, herauszufinden, ob Oskar hier Oswald oder Schwemmer hier Schlemmer verdrängte (der hatte jedenfalls keinen Lehrer namens Paul) oder Rehder (der ja in Amerika lehrt) schlicht den Namen Oswald aus historiophoben Gründen assoziierte – hatte ein Träger dieses Namens doch einst den strahlenden intellektuellen Präsidenten ermordet. Lehrte Rehder Literatur und nicht Mathematik, so läge auch eine Anspielung auf Oskar Mazerath nahe. Oder sollte einfach in Kalifornien Hollywood geistes-usurpierend immer noch so präsent sein? Wer A sagt, muß auch an einen Oskar denken ... Oder sollte die Oskar-Hypothese nur der Selbstanwendung von Rehders Metahypothese »Ein Prof ist längst noch nicht gelehrt, / Manche Hypothese ist verkehrt« entspringen?

35 Oder vielen Besitzes; z. B. Zenons, des Stoikers, Bedürfnislosigkeit war sprichwörtlich. Als sein Hab und Gut bei einem Schiffbruch verlorenging, sprach er: »Das Schicksal gebietet mir, ungehinderter zu philosophieren.« Auch Epikur, der viel mißverstandene Philosoph der Freude, forderte Askese und Genügsamkeit, deren »größte Frucht die Freiheit sei«: »wenn man Brot und Wasser hat, dann darf man sogar mit Zeus an Glückseligkeit wetteifern!«

36 Im übrigen: Die nicht einmal ganz meta- oder postmodernistische *Konklusion* für Insider, also semigebildete (wie mich und jenen postpseudorevolutionistischen Retter der zynischen Vernunft) und dreiviertelgelehrte Denker (wie den Blumen bergwärts tragenden Sisyphos des Geistes), lautet etwa so: Multiperspektivische fiktionaltranszendentale Jokologie ist ein adäquater Ausdruck des nicht nur irreal existierenden Epigonalismus – und somit postmodern. Postmodern sind Denker, die nur noch selbst-ironisch nach-zu-denken vermeinen: im Rückblick auf Originalität – und daraus eine Tugend machen. Selbst alle postmodernen Denker denken, daß sie selber denken. Um postgelehrtenchinesisch mit Jandl zu reden: »Werch ein Illtum!« (letzteres Wort angelsächsisch gesprochen, also englisch in der ersten, sächsisch in der zweiten Silbe).

Literatur

Allen, W.: »Meine Apologie«. In: ders.: *Nebenwirkungen.* München 1981, 44–51. Wiederabgedr. in: *Conceptus* 19 (1985), 109-113. ders.: »Meine Philosophie«. In: ders.: *Wie du dir so ich mir.* Reinbek 1980, 8 ff.

Bamm, P.: *Anarchie mit Liebe.* Stuttgart 1962.

Bartels, K.: *Sokrates im Supermarkt.* Zürich 1987.

Bernhard, Th.: *Immanuel Kant.* Komödie. Frankfurt 1978.

Bloch, A.: *Gesammelte Gründe, warum alles schiefgeht, was schiefgehen kann.* München 1985.

Braun, J. und G.: *Der unhandliche Philosoph. Berichte zur Biographie des Sokrates.* Frankfurt 1983.

Brecht, B.: »Der verwundete Sokrates«. In: ders.: *Geschichten.* Frankfurt 1962, 109-127.

ders.: »Legende von der Entstehung des Buches Tao-te-king auf dem Weg des Laotse in die Emigration«. In: ders.: *Gedichte.* Frankfurt 1975.

ders.: »Der Schuh des Empedokles«, ebd.

Breidert, W.: »Der spielende Sisyphos«. In: *Archiv für Begriffsgeschichte* 21 (1977), 169-187.

Büchmann, G.: *Geflügelte Worte.* Berlin ^{24}1910.

Carroll, L.: *Alice im Wunderland.* Wiesbaden/Berlin. o. J.

De Crescenzo, L.: *Geschichte der griechischen Philosophie (I): Die Vorsokratiker.* Zürich 1985.

ders.: *Also sprach Bellavista,* Zürich 1986.

ders.: *Oi Dialogoi.* Zürich 1987.

Diogenes Laërtius: *Leben und Meinungen berühmter Philosophen.* Hamburg ^{2}1967.

Fieguth, G. (Hg.): *Deutsche Aphorismen.* Stuttgart 1878.

Gadamer, H. G.: *Philosophische Lehrjahre.* Frankfurt 1977.

Gorella, A.: *Die Galerie der Philosophen.* Ölbild. 1974. (Sammlung Berlinische Galerie).

Haydn, J.: *Der Philosoph. Symphonie No. 22 (Es-dur).* 1764.

Henscheid, E.: *Wie Max Horkheimer einmal sogar Adorno hereinlegte.* Zürich 1983.

Herrmann, Th. (Hg.): *Dichotomie und Duplizität. Grundfragen psychologischer Erkenntnis.* Ernst August Dölle zum Gedächtnis. Bern 1974.

Hochkeppel, W.: *Mythos Philosophie.* Hamburg 1976.

ders.: *War Epikur ein Epikureer?* München 1984.

Hughes, P./Brecht, G.: *Die Scheinwelt des Paradoxons*. Braunschweig 1978.
Huisman, D.: *Philosophie für Einsteiger*. Reinbek 1983. (Französisches Original: *La Philo*. Paris 1977.)
Jandl, E.: *Laut und Luise*. Neuwied 1971.
Klant, M. (Hg.): *Universität in der Karikatur*. Hildesheim 1984.
Klima, L.: *Der schreckliche Tod Fabios* (Romanfragment).
Koch, W.: »Kant vor der Kamera«. *Süddeutsche Zeitung*, 14/15, 1, 1978.
Koestler, A.: *Die Herren Call-Girls*. München/Zürich [3]1972.
Koselleck, R.: *Vorbilder – Bilder*. Privatdruck, Bielefeld 1983.
Kühner, O. H.: *Pummerers verblümte Halbwahrheiten*. München/Wien 1979.
Laub, G.: *Das Recht, recht zu haben*. Bergisch-Gladbach 1982.
ders.: »Das Geschäft des Philosophen«. In: *Conceptus* 18 (1984), 136-143.
Lenk, H.: *Pragmatische Vernunft*. Stuttgart 1979.
Lichtenberg, G. Ch.: *Aphorismen. Eine Auswahl*. Stuttgart 1963.
ders.: *Aphorismen (Sudelbücher)*. (Hg.: W. und B. Pronies) Herrsching o. J.
ders.: *Gedankenbücher*. (Hg.: F. H. Mauthner) Frankfurt 1963.
Lodge, D.: *Small World. An Academic Romance*. Harmondsworth: Penguin Books 1985.
Lukian: »Hermotimus«. In: ders.: *Parodien und Burlesken*. Zürich 1948, 247-313.
Malerba, L.: *Die nachdenklichen Hühner*. Berlin 1986.
Markl, H.: *Das akademische Ökosystem*, Konstanz (Universitätsverlag, Universitätsreden Nr. 159) 1987.
Martens, E.: »Schnüffeln – Spinnen – Durchludern. Metaphern philosophischer Lebenskunst«. In: *Zeitschrift für Didaktik der Philosophie* 2 (1987).
Marti, K.: *Zärtlichkeit und Schmerz*. Darmstadt/Neuwied 1979.
Murphy, E.: s. unter Bloch, A.
Musil, R.: *Der Mann ohne Eigenschaften*. Hamburg 1952.
Neumaier, O.: »Kirchberg oder die Philosophie in den Wechsel-Jahren«. In: *Conceptus* 16 (1982), 7.
N. N.: *Heiteres Philosophicum. Festmagazin. Kanzler-Sommerfest*. Bonn, 2. 9. 1978.
Nonnescius nemo – Physiologus alter: *Bestiarium philosophicum*. Bonn 1976.
Paulos, J. A.: *I Think, Therefore I Laugh. An Alternative Ap-*

proach to Philosophy. New York, Columbia University Press 1985.
Rehder, W.: *Der deutsche Professor.* Hamburg 1985.
Richtscheid, H.: *Gespräche mit ›Sokrates‹*. München ^{2}1968.
ders.: *Die Philosophie in der Welt der Macher.* München 1977.
Russell, B.: »Nachruf (1937)«. In: ders.: *Unpopuläre Betrachtungen*. Zürich 1951, 186-188.
Schmidt, L.: *Aphorismen von A bis Z: Das große Handbuch geflügelter Definitionen.* Wiesbaden 1971.
Simon-Schaefer, R.: *Hegels Hölle.* Unveröffentlichtes Manuskript.
Smullyan, R.: *Simplicius und der Baum.* Frankfurt 1985.
ders.: *This Book Needs No Title.* Englewood Cliffs: Prentice Hall 1980.
ders.: *Spottdrosseln und Metavögel.* Frankfurt 1986.
Strasser, P./Wittgenstein, L.: »Snoopy philosophiert«. In: *Conceptus* 11 (1977), 28-30, 304 f.
Torres-Garcia, Joaquim: *Die Muse der Philosophie wird von Pallas Athene auf dem Parnaß als zehnte Muse vorgestellt.* (1911, Ölbild)
Vax, L.: »Philosophischer Beitrag zur Gespensterkunde«. In: *Karlsruher Pädagogische Beiträge* 7 (1986), Heft 13-14, 204-222.
Weischedel, W.: *Der Gott der Philosophen,* Band II. Darmstadt 1972.
ders.: *Auch eine Philosophiegeschichte.* Darmstadt 1975.
ders.: *Die philosophische Hintertreppe.* München 1975.
Wittgenstein, L.: *Philosophische Untersuchungen.* (Orig.: 1958) Frankfurt 1977.
ders.: *Vermischte Bemerkungen.* Frankfurt 1977.
›Why?‹ (Hg.: I. Hunt, Oxford, Xerokop.) 1958 f. vol. I, II.
Zoozmann, R.: *Zitatenschatz der Weltliteratur.* Königstein/Ts. ^{12}1980.

Bildnachweise

René Magritte, La lampe philosophique (Die philosophische Lampe), 1935
© Cosmopress, Genf 1987

Giorgio de Chirico, Der große Metaphysiker
© VG Bild-Kunst, Bonn 1987

M. C. Escher, Zeichnen (Drawing Hands)
© M. C. Escher, Heirs c/o Cordon Art – Baarn – Holland 1987

Auguste Rodin, Der Denker, Bronze 1890

Joseph Beuys, »Ich denke sowieso mit dem Knie«
© VG Bild-Kunst, Bonn 1987

Saul Steinberg, Self-Portrait, 1945
© Saul Steinberg, Amagansett (U.S.A.)

Reinhart Koselleck, »Das umgreifende Umkreisen der Permanenz des transzendentalen Schenkungsbewußtseins überhaupt«
© Reinhart Koselleck, Bielefeld 1983

Reinhart Koselleck, Karl Jaspers, kommend – über indische Philosophie lesend – die Alte Aula verlassend
© Reinhart Koselleck, Bielefeld 1983

Wilhelm Busch, Schopenhauer und des Pudels Kern und Äußeres

»Ago, ergo sum«

Thomas Theodor Heine, Gewissenhaft, 1922 (Simplicissimus 27. Jg., Nr. 2, S. 25)

Grandville, Illustration zu Jonathan Swift, *Gullivers Reisen*

L. Stepelevich, »3–2–1 Philosophieren Sie!«

Wilhelm Busch, Die Weisheit auf dem Katheder, um 1865

Robert Gernhardt, Schopenhauers Pudel liest Hegel
© Robert Gernhardt, Frankfurt 1987

Wilhelm Busch, Verlockend ist der äußre Schein, der Weise dringet tiefer ein!

Arwed Gorella, Die Galerie der Philosophen
© Arwed Gorella/Sammlung Berlinische Galerie, Berlin 1987

Eine alchimistische Allegorie: Das Ei der Philosophie

F. Goya, »Der Traum der Vernunft gebiert Ungeheuer«, Caprichos, Nr. 43

M. C. Escher, Stilleben mit spiegelnder Kugel

Kant rührt Senf an (zeitgenössische Karikatur)

Snoopy philosophiert, Text: L. Wittgenstein und P. Strasser

Namenregister